벽화로 꿈꾸다

벽화로 꿈꾸다

1판 1쇄 찍은날   2011년 3월 25일
1판 1쇄 펴낸날   2011년 3월 30일

지은이 | 이종수
펴낸이 | 조현주
펴낸곳 | 도서출판 하늘재

북디자인 | 썸앤준
편집 | 김경수

등록 | 1999년 2월 5일 제20-140호
주소 | 서울시 마포구 망원1동 384-15 301호

전화 | (02)324-2864
팩스 | (02)325-2864
이메일 | haneuljae@hanmail.net

ISBN 978-89-90229-28-1   03900

값 | 17,000원

이 도서의 국립중앙도서관 출판시도서목록(CIP)은 e-CIP홈페이지(http://www.nl.go.kr/ecip)와 국가자료
공동목록시스템(http://www.nl.go.kr/kolisnet)에서 이용하실 수 있습니다.(CIP제어번호: CIP2011001096)

여덟 가지 테마로 읽는 고구려 고분벽화 이야기

벽화로 꿈꾸다

이종수 지음

하늘재

벽화에게 말 걸기

만남

벽화 이야기를 하고 싶다. 고구려 고분벽화. 이름의 무게 때문에 망설여진다. 이름을 좀 나누어 무게를 덜어내 보면 어떨까. '고구려 고분'까지는 잠시 접어두고 일단 '벽화'만 불러내 보는 거다. 그래도 상대를 잘 몰라서 주저된다. 그의 프로필을 슬쩍 예습하고 만나면 한결 수월하지 않을까. 그리고 말을 걸어본다. 벽화를 대하는 나의 방식은 '이야기'다. 심각한 연구나 세세한 분석으로 시작하기엔 아무래도 버거운 상대다. 좀 친해진 다음에, 그러고 나면 그가 스스로 자기 이야기를 해줄 것 같아서.

친해지려면 약간의 절차가 필요하겠다. 출발점이 문제가 될 것 같은데 내가 그와 어느 정도 아는 사이인가에 따라 인사말이 달라질 테니까. 당신은 우리의 새 친구가 될 고구려 고분벽화와 어느 정도 친분이 있는가. 처음 뵙겠습니다. 아니면, 그동안 어떻게 지내셨는지요. 혹시, 우리

집 앞 그 카페에서 만나요. 이 정도로 친한 사이? 아무래도 상관없지만, 당신이 마지막 단계에 해당한다면 이 부분은 가볍게 건너뛰고 본격적인 이야기부터 읽어주시길 바란다. 그를 아주 간단히 소개하려는데, 나보다 더 친한 사이라면 이쪽 입장이 좀 멋쩍어지지 않겠는가. 일부러 만든 자리가 어색하다면 그런 분들도 그냥 넘어가시라. 이야기를 나누다 마음에 들 때, 그때 다시 이 자리로 돌아와 진지하게 마주하는 것도 괜찮은 방법이다.

발굴

가까운 곳에서 시작해보자. 그와 만난 상황이라 해도 좋겠다. 천 몇백 년 전의 무덤 안에 벽화가 그려져 있었다고 알게 된 것은 불과 백 년 전. 벽화를 찾겠다는 일념으로 누군가 나선 것은 물론 아니었으며 많은 역사적인 사건이 그러하듯, 벽화를 이 시대로 불러낸 것은 우연한 발견에서 시작되었다. 1902년에는 평양 지역의 강서대묘에서, 1907년에는 집안集安 지역 산연화총에서 각각 벽화가 '발견'된다.

발견이 발굴로 이어지는 데 시간이 좀 걸린 것은 고분벽화가 중요하지 않아서가 아니라 그보다 더 중요한 문제가 많았기 때문이다. 1910년을 전후한 시대의 특수성. 결국 벽화고분 발굴은 1912년, 당시 이 땅의 최고 권력기관인 조선총독부의 지휘로 시작된다. 발굴 팀은 물론 일본인 학자들로만 구성되었으며 일본어로 된 보고서와 논문들에 그 세세한 정황이 담긴다.

  일제강점기의 벽화고분 발굴은 사실상 학술적인 목적에서 시작된 것은 아니다. 제국주의와 식민지 사이의 특수한 관계로 읽어야 할 터인데, 이 대목에도 할 이야기는 많지만 첫 만남의 화제로는 다소 길고도 무겁다. 다음 기회에 자세히 나누기로 하자. 어쨌거나 일본인 학자들의 활동은 평양과 집안을 오가며 활발하게 진행되어 모두 이십여 기의 고구려 고분에서 벽화가 조사된다. 처음으로 벽화가 발견되었던 강서대묘와 중묘를 비롯해 쌍영총, 무용총 등 벽화 연구사에서 주요한 자리를 차지하는 무덤들이 1912년에서 1941년 사이에 발굴되었다. 이 시기의 발굴은 솔직히, 가슴 아픈 역사의 흔적 때문에 돌아보고 싶지 않은 마음이 앞서기도 한다. 하지만 벽화고분 발굴의 출발지로서, 이후 발굴에 기준을 제시한 측면에서 가볍게 넘길 수는 없다. 게다가 여러 벽화의 훼손 진행 상태로 볼 때 그 당시의 기록이나 사진들이 많은 자료를 남겨준 것도 사실이다. 자료를 자료로서 마주할 수 있는 것, 쉽지는 않지만 그것도 받아들여야 함이 다소 늦게 시작한 우리가 벽화를 만나는 길이다.

  1945년 해방이 되었다. 이제 우리 손에서 발굴이 시작되는 시점이 되었지만 다시 분단. 남쪽의 학자들에겐 또다시 기회가 없어졌다. 여기에 집안 지역에 대한 자유로운 조사도 옛일이 되어버렸다. 이제 그곳은 명백히 '중화인민공화국'의 영토에 속하게 되니 고구려 벽화고분 발굴에 대한 권리도 압록강 저편으로 건너간다. 이제 집안 지역의 발굴 내용은 기본적으로 중국 측 보고서에 기댈 수밖에 없게 되었다는 이야기다. 일본어와 중국어, 그리고 한국어로 쓰인 발굴 보고서들. 순탄치는 않다.

해방 후 첫 발굴은 1949년, 평양 부근 안악3호분에서 시작되었는데 벽화고분 발굴사로 볼 때 그 의미는 대단하다. 처음으로 벽화고분이 발굴된 1912년 강서대묘의 현장과 거의 비슷한 정도의 무게감이 아닐까 싶다. 357년이라는 무덤 조성 연대를 알려주는 묵서가 발견되었을 뿐 아니라 그 규모 또한 벽화고분 가운데 가장 컸다. 이후 말 그대로, 이렇게 벽화를 많이 그렸나 싶을 만큼 벽화고분 발굴이 줄을 잇는다. 1958년 약수리 벽화고분, 1971년 수산리 벽화고분, 1976년 덕흥리 벽화고분 등이 우리의 이야기에 자주 등장하게 될 주요 무덤이다.

중국에서 발굴을 맡게 된 집안 지역 상황은 어떨까. 이 지역의 벽화고분들은 평양 지역의 고분들처럼 따뜻한 관심과 환영을 받으며 세상에 나오지는 못한다. 출생 배경을 심하게 따지는 건 사람에게만 해당되는 사항은 아니었기 때문에. 그렇다고 벽화의 수준이 변변찮은 것들이었나 하면 물론 그렇지는 않다. 통구 사신총, 통구 오회분의 4·5호묘 등은 고구려 사신도 고분 계보에서 대단히 중요한 자리를 차지하고 있으며 장천1호분 같은 무덤 또한 나누고 싶은 이야기가 제법 많은 매력적인 벽화를 간직하고 있다.

이렇듯 지금까지 발굴된 고구려 벽화고분은 100여 기. 아직 세상 밖으로 나오지 않고 잠들어 있을 무덤 또한 적지 않을 것 같다. 그 무덤 속은 어떤 모습일까.

묘실

벽화가 그려진 고구려 고분은 시기적으로 4세기에서 7세기 초의 것들이다. 대략 300년 이상 묘실 안에 벽화가 그려졌다는 이야기다. 아무리 천천히 변하는 것이 죽음의 의식이라 해도 3세기를 걸치다 보면 변화가 없을 수 없다. 벽화 주제의 변화는 시대에 따른 유행일 수도 있겠고, 이 벽화가 그려지게 되는 묘실 구조가 변하면서 함께 달라지기도 했을 터이다.

벽화가 살고 있는 집 모양이 조금 궁금하니, 묘실 구조의 기초만 듣고 가는 것이 좋겠다. '고구려 고분'은 접어두고 벽화만 불러내고 싶었지만, 아무래도 함께 만나는 편이 도리어 이야기가 쉬울 것 같아 잠시 도움을 청한다. '묘실 구조'라는 말에 약간 민감하게 반응하는 사람들이 있는데 나도 대체적으로 이 그룹에 속한다. 좀체 입에 붙지 않는 용어들을 이어 붙인 복잡한 이름으로 배워왔기 때문일 터. 우리가 지금 살피고 싶은 것은 그런 건축적인 내용을 이해해야 하는 부분은 아니니 겁낼 것 없다.

사람이 사는 집도 가장 기본적으로 필요한 공간이 있고 여기에 이런저런 방들이 따라붙기도 한다. 때론 복잡한 배치가 싫어 단순하고 아늑한 구조를 선호하는 이들도 있다. 벽화의 집도 그렇다. 무덤 안에 방이 여러 개인가, 하나인가는 선택의 문제이다. 물론 집의 규모 자체가 아주 크려면 당연히 경제 상황이 받쳐줘야 하는바, 대형 고분의 경우 국왕이나 대단한 세력가의 무덤으로 보는 것이 그르지는 않겠지만 '건축'의 속

성상 시대의 특성을 반영하게 마련이다.

이제 무덤 입구에 들어서 보자. 느닷없이 안방으로 들어섰을 때의 황당함을 배려해서 방으로 이어진 '길'을 만들었다. 이 길을 연도(羨道, 널길)라 한다. 대부분의 벽화고분에는 이 연도 양쪽에도 벽화가 그려져 있다. 묘실 안으로 들어가는 마음을 차분히 가다듬을 준비 시간을 가지라는 의미가 되겠다. 연도를 다 지나면 묘실, 즉 무덤 안의 방으로 들어서게 된다. 이때 그 방의 모양과 개수에 따라 이름이 달라진다. 말 그대로 방이 여러 개이면 다실분多室墳, 두 개는 양실분兩室墳, 한 개는 단실분單室墳이라 한다.

단실분이 가능하다는 것은 필수적인 방 개수는 하나라는 뜻일 텐데? 물론이다. 무덤은 묘 주인이 영원히 거하는 집이니 그가 편히 누울 공간이 있으면 기본적인 조건 성립. 이처럼 관이 놓이는 방을 현실玄室이라 한다. 죽은 이의 거처로서 이보다 더 아름다운 이름이 있을까. 어두우면서 깊고도 그윽한 공간. 처음 이 '玄'의 이미지를 떠올리면서 탄성이라 해도 좋을 한숨이 흘렀었다. 그 깊은 뜻을 헤아려 저승으로 떠나는 영혼들에게 바친 이는 어떤 사람이었을까. 우리말로는 관을 놓는다는 의미로 '널방' 또는 '안방'이라 부르기도 하지만, 개인적으로 그다지 마음에 드는 표현은 아니다. 용도와 목적이 확실한 것은 사실이지만 너무도 직설적인 어법에 따르는 불편함. '玄室'이 주는 깊이를 따르지 못한다는 느낌이다.

현실 하나로 충분한 것이 단실분인데 여기에 방을 하나 더 만들면 양실분이 된다. 이 방은 죽은 이를 모신 현실보다는 입구에서 가까울 것이니, 그래서 이름도 전실(前室, 앞방)이라 부른다. 구조로 보면 연도와 전실, 그 뒤의 현실이 일직선으로 나란히 배치되는 것이 일반적이다. 묘의 주인은 현실에 거하고 있는 셈이니, 잠시 한숨 돌릴 만한 공간이라 해도 좋겠다.

그럼 다실분은 어떤 모양일까. 양실분의 일직선 배치처럼 여러 개의 방을 계속해서 이어나간 건, 당연히 아니다. 이런 집에서 누가 살고 싶겠는가. 다실분은 크게 보자면 현실이 여럿인 경우와 하나인 경우로 나뉜다. 전자라면, 여러 개의 관을 모실 곳이 필요했다는 것이니 가족묘나 이와 유사한 상황을 상상할 만하다. 고구려 벽화고분 가운데 그 수가 많지는 않은데, 구조로 보자면 묘실 세 개가 'ㄱ'자 형으로 설계된 삼실총이나, 네 개를 나란히 'ㅣㅣㅣㅣ' 모양처럼 만들고 그 앞에 긴 전실을 둔 요동성총의 예를 들 수 있다. 그러나 이런 구조는 비교적 예외적인 경우로, 중국의 영향으로 설명할 수 있을 듯하다. 현실이 하나인 다실분은? 전실을 무작정 여러 개 만들 필요는 없으니 전실 양쪽에 각각 측실(側室, 곁방)을 두었던 것. 이 두 방은 별도로 마련한, 좀 조용한 자리인 만큼 목적에 따라 여러모로 꾸밀 수 있는 공간이 된다. 측실은 감실龕室의 형태로 축소되는 경우도 있는데 다실묘의 묘미는 역시 이 측실의 운용에 있다.

묘실 구조에 대한 내 이야기는 여기까지다. 이제 벽화가 그려진 공간을 이해하는 데 그다지 무리는 없을 것 같다. 그러면 잠시 우리의 상상력에 질문 하나. 이렇듯 다양한 묘실 구조가 한꺼번에 나타나지는 않았을 것이다. 그 시대의 유행이란 것이 있는데. 물론 단실과 양실, 다실이 공존하는 시기도 있었겠지만, 큰 흐름으로 볼 때 어떤 쪽으로 변화했을 것 같은가? 방을 늘려가는 방향? 아니면 줄여가는 방향?

벽화

묘실 구조의 변화와 함께 움직이게 되는 벽화의 주제. 그러면 하나의 주제가 유행한 기간은 어느 정도였을까. 물론 학자들마다 무덤의 편년이나 벽화 주제에 따른 시기 구분을 조금씩 달리 이야기하고 있기는 하다. 그러나 작은 차이를 건너뛰어 큰 흐름을 보고자 하는 우리 입장에서는 그리 문제되는 부분이 없다. 크게 구분하자면 벽화 주제의 변화는 세 단계 정도. 대략 4세기~5세기 초, 5세기 중엽~6세기 전반, 6세기 후반 ~7세기 중엽으로 시기구분을 하는 것이 일반적이다.

먼저 제 1기. 이 시기 벽화고분은 대부분 다실 구조로서 일부 무덤은 양실 구조를 보이기도 한다. 벽화의 내용은 묘주의 초상을 중심으로, 이와 함께 묘주 생전의 일상사를 다양하게 그리고 있다. 주인공의 삶에서 오래도록 기억하고 싶은 장면, 좀 내세우고 싶은 순간들을 담았을 것이다. 방이 여러 개로 나뉘어 있던 만큼 각각의 용도에 알맞게 이런저런 장면을 그려 넣기에 적당했다.

주인공의 초상은 격식을 갖춘 정면상正面像으로 그려지는데, 묘 주인으로서의 위엄을 드러내는 데 초점을 맞추고 있다. 그렇다면 벽면을 가득 채운 '그의 삶'은 주로 어떤 장면이었을까. 근엄한 주인공의 초상을 보면, 그의 삶이 온통 '강토疆土와 백성'을 위한 고민으로만 가득했을 것 같은데. 의외로 무덤 속 벽화가 이야기하는 주인공은 평범한 생활 속에서 즐거움을 찾을 줄 아는, 지극히 인간적인 면모를 지니고 있다. 물론 대행렬의 주인공으로 등장하거나 여러 태수들에게 조회를 받는 등 근사한 지위를 누린 자의 자부심이 드러나는 장면도 보인다. 하지만 이와 함께 부엌이나 우물터, 마구간 등 그다지 기념할 만한 일이 일어날 법하지 않은 공간에 대해서도 충분히 자리를 나누어주고 있다. 어쩌면 죽은 이들이 가장 그리워하는 시간이란, 그토록 대단했던 어느 순간이라기보다는 사랑하는 이들과 함께 먹고 마시며, 웃고 이야기하던 그 하루하루가 아니었을까. 물론 이런 해석도 가능하다. 묘실은 죽은 이의 집이고, 그 집 안에는 내세에서 불편함이 없도록 생전의 집을 그대로 옮겨놓았던 것이라고. 하지만 어느 쪽이든 기초는 비슷하다. '일상'의 중요성. 이 시기의 무덤들은 생활 속 이야기를 담은 벽화의 내용상 우리의 대화에도 자주 등장할 것이다. 안악3호분, 덕흥리 벽화고분, 감신총, 삼실총 등이 대표선수들이다.

세월이 흘러 5세기 중엽에 이르면 고분에 그려진 벽화의 내용도 이전 시기와는 달라지기 시작하는데, 이러한 경향은 대략 6세기 전반까지 이어진다. 무덤의 구조는 양실분과 단실분의 형태이고, 벽화의 주제 또한 앞 시기에 비해 다양해지는 경향을 보인다. 한 가지 주제로만 계속 그리는 건, 좀 재미없어졌다는 의미이지 싶다. 다양성의 추구란 기본적으로 가진 게 어느 정도 있어야 가능한 법이니 이 시기가 되면 고분벽화가 여러 가지 이야기를 할 수 있을 정도로 풍성한 내용을 갖추기 시작했다는 뜻이기도 하다. 그래도 주된 흐름이 있고 곁가지가 덧붙는 것이 세상의 이치일 터.

이 시기 벽화에 있어 주된 흐름은, '처음 뵙겠습니다' 정도의 사이라고 생각한 이들도 "어, 그건 아는데"라고 말할 만한 유명한 장면들이다. 무용총의 〈무용도〉와 〈수렵도〉, 각저총의 〈씨름도〉, 수산리 벽화고분의 〈주름치마 입은 여인〉 등 당시 회화 수준을 대표할 만한 벽화들이다. 묘 주인으로 보자면 앞 시기의 근엄한 초상화 양식이 사라지면서 생활의 한 장면 속에 자신의 모습을 나타내게 된다. 주변의 풍경도 다양해져서, 수렵이니 씨름이니 하는 장면이 가득 펼쳐진다. 묘 주인도 동참하고 있는 좀 북적대면서도 활기찬, 그런 벽화들이다.

이제 고개를 들어 천장을 보자. 하늘 세계의 이런저런 이야기가 소곤거리는 그곳에 새로운 주역이 나타난다. 사신四神, 즉 청룡·백호·주작·현무의 형상이 자리를 잡기 시작하더니 그들이 점차 벽면 상단까지 내려오기도 한다. 하강 속도가 제법 심상치 않은데, 아니나 다를까 사신의 등장과 그 위치 변화는 후기 벽화의 주제를 암시하는 매우 중요한 대목이 된다. 아직은 대단한 위용을 갖춘 그런 모습은 아니지만, 이제 막 태어난 셈이니까.

이런 정도가 주된 흐름이다. 그렇다면 이 시기의 벽화를 풍성하게 해준 또 다른 경향은? 벽화랑 어지간히 친하지 않고서는 답하기 어려운 부분인데, 우리의 상상력이 부족해서라기보다는 이 벽화들이 게임의 규칙 자체를 다르게 요구하고 나섰기 때문이다. 우리가 생각하는 다른 경향은, 아무래도 앞 시기의 벽화에서 어떻게 '달라졌는가'에 중심을 두기 마련이다. 그런데 이 '다른 경향'들은 기존의 벽화에서 주제로 삼던 '이야기'적인 요소를 모두 걷어내 버렸다. 묘실 전체를 단순한 장식무늬로만 가득 채운 것이다. 생활풍속 장면이 전혀 등장하지 않은 채 네 벽 모두에 연꽃이나 동그라미 등의 무늬를 반복적으로 그려 넣은 이 벽화들. 산연화총과 귀갑총, 환문총 등이 이 독특한 무덤의 이름들이다. 솔직히, 아직 그들과 게임을 벌일 자신이 없다. 무슨 마음이었을까.

다양화가 어느 선에 이르면, 정형화의 길로 들어서게 한다. 고구려 후기 벽화고분의 묘실 구조와 그 안에 그려진 벽화의 주제가 그렇다. 묘실은 단실 구조로, 현실 네 벽의 벽화는 〈사신도四神圖〉만으로.

이쯤에서 묘실 구조의 방향이 완전히 정리된다. 묘실의 방을 늘려갈 것인가, 줄여갈 것인가. 고구려 벽화고분은 후자를 택했다. 다실분에서 양실분을 거쳐 단실분으로. 덧붙이기보다 줄여가는 쪽이 더 어려운 법인데 고구려 벽화고분은 가장 중요한 요소만을 남기는 방향을 선택한 것이다. 이러한 결정은 벽화의 주제 변화와도 꼭 맞아떨어진다. 단실분이 되었으니 벽면이라곤 현실의 동서남북 네 군데뿐. 천장 위의 사신이 내려와 자리 잡기 좋은 조건이다.

이제 그 많던 이야기는 사라지고, 네 벽을 각기 차지한 사신의 형상만으로 여러 벽화가 우위를 겨루는 시대가 되었다. 단 하나의 지정곡을 개성껏 연주하라는 요구이니, 자신 있는 곡을 고를 수 있었던 앞 시기에 비해 과제가 매우 어려워진 셈이다. 누가 이 부분을 어떻게 해석했나, 그 것이 감상 포인트.

대부분의 비평가들이 표를 몰아준 우승자가 있기는 하지만, 다른 경 쟁자들의 실력 또한 만만치 않았다. 저마다 매력적인 색을 지닌 벽화들. 지역적인 특징이 보이기도 하는데, 각기 고구려의 수도로서 하나의 문화 적 중심을 이루고 있던 평양과 집안 지역의 차이라고 해도 좋겠다. 통구 사신총, 오회분 4·5호묘 등의 집안 지역 사신도 고분은 화려함으로 승 부하고자 했다. 복잡한 장식문양에 어우러진 환상적인 사신의 모습. 이 에 비해 평양 지역 강서대묘와 중묘의 사신도는 사신의 형상 자체에 집 중했다. 바탕의 장식무늬를 생략함으로써 생동감 넘치는 사신의 모습 을 더욱 돋보이게 연출하는 데 성공한 것이다. 당신이라면 누구에게 한 표를?

고구려 벽화고분에 그려진 벽화는 이렇게 사신도로 웅장하게 마무리 된다. 하지만 이것이 전부는 아니다. 묘실의 네 벽면 외에, 천장 또한 훌 륭한 화면을 제공해주고 있지 않은가. 일반적으로 천상 세계로 비유되 는 묘실 천장은, 그렇기 때문에 그려지는 내용 또한 하늘에 속한 이야기 들이 많다. 찬연히 빛나는 해와 달, 여기에 북두칠성을 비롯한 별자리들 을 그려 넣은 무덤이 많은 것은 특정한 종교적 사상과 연관 짓지 않더 라도, 일월성신日月星辰이 지니는 이미지로 미루어 볼 때 당연한 일이겠다. 특히 해와 달은 각기 삼족오三足烏나 두꺼비의 형상을 입고 등장하는 경우가 많다. 이와 함께 연꽃이나 인동문 등의 장식문양들이 화려하게 채워지는 예도 있으며, 선인과 보살들의 아름다운 자태로 눈부신 천장도 있다. 여기에 더하여 설화 속 인물들에 천장석을 장식한 황룡黃龍의 존재까지. 벽화 속 상상의 세계는 그 끝을 알 수가 없다.

이야기

그렇기에 시작은 어디에서건 가능하다. 하지만 만남이란, 어느 정도는 그 방식이 서로의 관계를 규정하지 않던가. 관계란 나눌 수 있는 대화의 폭이나 어조의 친밀도 정도를 의미하기도 한다. 당신은 벽화를 어떤 자리에서 만나보고 싶은가. 타고난 자질이 좋은 상대는 어떤 만남에서건 멋진 대화를 누릴 줄 안다. 그를, 솔직하고 유쾌한 이야기 시간으로 불러보는 것은 어떨까.

나의 제안은 이 끝없는 벽화의 세계를 흥미로운 '화제畵題'로 엮어 읽어보는 것이다. 그 생애와 아름다움에 대해, 혹은 옛글과 풀이에 기대어, 혹은 즐거운 상상으로. 이제 간단한 인사는 나누었으니 이야기를 시작해볼까. 편안하고 느긋한 마음으로 대하면 좋겠다. 고구려 시대의 벽화라니, 오랜 시간을 거슬러 가야 하는 길이다.

| 차례

그는 누구인가

묘주의 초상

그의 이름은 진이다 ___

이름을 남긴다는 건 작은 일이 아니다. 때로 살아생전에 누렸을 명성보다 더 널리 그 이름을 알리는 사람도 있는데, 덕흥리에서 발견된 한무덤의 주인이 그렇다. 그의 이름은 진鎭이다. 100여 기로 추정되는 고구려의 벽화고분 가운데 오직 '진'만이 자신의 이름을 뚜렷이 남기고 있다. 흥미로운 것은 그의 이름과 함께 초상화가 전해진다는 것이다. 문자와 이미지를 모두 동원한 한 편의 일대기를 펼친 셈인데, 그렇다고 그가 역사에 널리 알려진 위대한 임금이거나 전공이 혁혁한 장군은 아니다. 유주자사, 즉 지방장관을 지낸 그저 고위층에 속하는 한 관료였을 뿐인데 오직 그만이 이름과 초상화를 후세에 전함으로써 말 그대로 유방백세流芳百世의 꿈을 실현하게 되었다.

기록을 남기는 데 열심인 사람들이 있다. 진의 경우로 말하자면, 이름과 행적을 명문銘文 속에 자세히 적고 있다. 물론, 묘 주인이 직접 이런 글을 써 넣었을 리 만무하지만 그의 의중이 다분히 반영되었을 터. 수많은 고구려 벽화고분 가운데 이렇듯 주인에 대한 정보가 상세한 무덤은 달리 남아 있지 않다. 당시 이러한 기록 방식이 일반적인 것이 아니었다는 이야기다. 이보다 훨씬 대단한 규모의 무덤들에서도 주인의 행적을 알리는 글 한 조각 발견되지 않았다. 도굴로 인해 묘 주인의 신분을 알려줄 만한 증거가 부장품과 함께 사라져버린 지금, 오직 훔칠 수 없는 무덤의 벽면만이 이름을 지키는 유일한 길로 남아 있다.

고구려 고분벽화 가운데 단독 '초상'으로 '진'과 비교할 만한 이는 안악3호분의 묘 주인이다. 〈사신도〉가 벽화의 주된 주제로 자리 잡기 이전, 묘주상을 그린 고분이야 몇 남아 있기는 하다. 태성리 1호분이나 감신총, 약수리 벽화고분에 등장하는 주인공들이 떠오르지만, '초상화'로서 그 위치를 따져보았을 때 무게감이 좀 떨어진다. 자신의 길을 자신 있게 걸었다기보다는, 앞선 길을 조심스레 따랐다는 느낌이랄까. 아무래도 오늘의 주인공은 안악과 덕흥리에서 모시는 것이 어울릴 법하다.

'초상'을 이야기하자니 조금 복잡하다. 그 역사의 만만찮음만큼이나, 이후 우리 초상화의 대단했던 수준 때문에 말을 떼기가 어려운 부분이 있다. 묘실 안의 초상은 더 그렇다. 이걸 그저 그림이라 해야 하나, 기록이라 해야 하나. 일단 두 무덤의 내력을 먼저 살펴보면 어떨까. 무덤의 조성 연대를 알려주는 명문이 발견된 것도 이 둘뿐이니 고분벽화에 입문하는 자, 예의로라도 저간의 사정을 알아야겠다.

무덤의 기록, 명문

　안악3호분과 덕흥리 벽화고분은 여러 면에서 많이 비교되는 무덤이다. 현재까지 발굴된 고구려 벽화고분 가운데 무덤 조성 연대를 알려주는 묵서명墨書銘이 나온 단 두 기의 무덤으로서, 발굴 당시부터 화제가 되었던 것이다. 이 무덤들이 발굴되기 이전까지, 모든 고구려 고분벽화는 '고구려 시대'의 것이라는 '물증'이 없었다. 고맙게도 두 무덤이 많은 학자들을 구원해주었다. 그만큼 할 일도 많아지고 이런저런 논쟁으로 무덤가가 좀 시끄러워지긴 했지만.

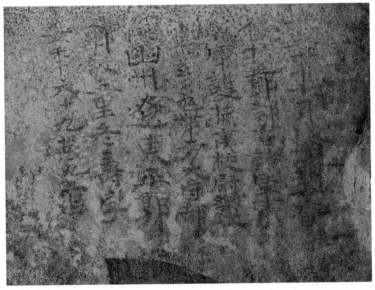

안악3호분 명문 | 벽화 사이에 쓰인 묵서명으로, 357년이라는 무덤 조성 연도를 알려주는 귀중한 자료이다.

먼저, 1949년에 발굴된 안악3호분. 해방 이후 첫 대형 고분 발굴이다 보니 당시 학계가 좀 들썩였다고 한다. 일제강점기의 고분 발굴은 일본인 학자들에게 독점당했다는 상황을 미루어 봐도 꽤나 흥분되는 순간이었을 것 같다. 여기에 묘실 벽면에서 발견된 묵서의 내용으로 인해 이 흥분은 문제 상황으로까지 번진다. 무슨 내용이기에…….

> 永和十三年十月戊子朔廿六日
> 癸丑使持節都督諸軍事
> 平東將軍護撫夷校尉樂浪
> 相昌黎玄菟帶方太守都
> 鄕侯幽州遼東平郭
> 都鄕敬上里冬壽字
> □安年六十九薨官

영화 13년 10월 무자삭 26일 계축에 사지절 도독제군사, 평동장군, 호무이교위이며, 낙랑상, 창려·현토·대방 태수요, 도향후인 유주 요동군 평곽현 도향 경상리 출신인 동수冬壽는 자는 □안인데 나이 69세에 죽었다*.

*두 무덤의 명문은 몇몇 훼손된 글자가 있어 풀이가 약간씩 달라질 수 있다. 이 글에서 명문과 그 풀이는 정호섭, 「고구려 벽화고분 명문자료의 재검토」, 『고구려 벽화고분 보존실태 조사보고서-제1권 조사보고』(국립문화재연구소, 2006)에서 인용하였다.

묵서는 서쪽 측실側室 입구인 전실前室 서벽에 쓰여 있다. 7행 68자로 된 이 명문의 내용인즉, 엄청나게 긴 관직을 빼고 중요한 부분만 간추리자면 "영화 13년(357년), 동수라는 인물이 이러이러한 벼슬을 하며 영화롭게 살다가 69세에 죽었다"는 이야기다. 실제로 그처럼 많은 벼슬을 했는가는, 죽은 자에 대한 의례적인 나열로 넘겨도 될 것 같다. 죽음에 대한 단순하면서도 명료한 기록으로 손색이 없으니 후대에 비하면 도리어 소박하고도 깔끔하다는 느낌이다.

문제가 된 것은 내용이 아니라, 바로 그, '동수가 묘 주인이냐' 하는 것이다. 물론 발굴 당시엔 아무도 무덤의 주인이 동수임을 믿어 의심치 않았다. 무덤 속에서 나온 명문이니 무덤 안에 그려진 초상의 주인공이 바로 동수라고, 당연히 생각했던 것이다. 그렇긴 하다. 내 집에 다른 사람 이름으로 문패 걸 사람은 없을 테니까. '동수'는 전연前燕에서 고구려로 망명해 온 장수인데, 고구려 왕에게 공을 세운 후 이 안악 지역에서 세력을 잡고 살다가 죽어 묻힌 것으로 보는 견해이다. 발굴 후 몇 년간 안악3호분은 '동수묘'라고도 불리며 순조롭게 연구가 진행되었다.

그런데 그의 국적에 시비를 거는 사람들이 나타났다. 이 무덤이 '동수묘'라면 안악3호분은 외국인의 무덤이 된다. 그가 아무리 고구려에 망명하여 고구려 왕에게 공을 세우고 당당히 '시민권'을 얻은 인물이라 해도 출신이 다르지 않은가. 온전한 '고구려'의 것은 아니라는 데서 오는 불편함이랄까. 이쪽의 주장을 들어보자. 동수의 묘지명은 묘 주인의 것이 아니고, 이 묵서명 아래 그려진 시위무관侍衛武官인 장하독帳下督의

안악3호분 장하독상 | 이처럼 명문 아래에는 시위무관인 장하독이 그려져 있다. 이로 인해 명문에서 지칭한 동수가 묘 주인인가, 장하독인가의 논란을 낳게 되었다.

것이라는 이야기. 즉, 이 명문 옆으로 지어진 측실 안에 그려진 묘 주인은 동수가 모시던 고구려의 왕(고국원왕故國原王, 또는 미천왕美川王)이고, 묘지명은 별개의 것이라는 해석이다.

사실 양쪽 모두 촘촘한 근거로 정교한 논증을 펼치고 있어 내가 누구인가, 묘 주인공마저도 헷갈릴 것 같다. '안악3호분'이라는 지극히 객관적인 이름은 이런 논쟁에서 슬쩍 빠져나가겠다는 느낌이랄까. 우리는 이렇게 양쪽의 주장을 그럴 수도 있겠다, 며 듣고 있지만 논쟁이 불거졌던 1950, 60년대 북한에서는 이 문제가 책상 위의 논리 싸움에서 멈추지 않았다. 결국, 왕릉설에 힘을 몰아주게 되면서 동수묘설을 주장했던 학자들은 주체성 부재의 '책임을 지게 되었다.' 공부하는 일이 쉬운 게 아니다. 상황이 이리 되었으니 초상 속의 그, 편히 쉬지도 못하겠다.

1976년에 발굴된 덕흥리 벽화고분은 다행스럽게도, 책임져야 할 논쟁거리가 없는 평화로운 무덤이다. 자신의 이름을 확실히 남기지 못해 답답해할 안악3호분의 주인공과 달리 이 묘 주인은 "영락 18년(408년)에 묻힌 유주자사 진"이라는 명문을 가지고 있다. 안악3호분보다 약 반 세기 후의 무덤인 셈인데 명문은 자못 상세하다.

　　□□郡信都縣都鄕[中]甘里
　　釋迦文佛弟子□□氏鎭仕
　　位建威將軍國小大兄左將軍
　　龍驤將軍遼東太守使持

節東[夷]校尉幽州刺史鎭

年七十七壽[焉]以永樂十八年

太歲在戊申十二月辛酉朔廿五日

乙酉成遷移玉柩周公相地

孔子擇日武王[選]時歲使一

良葬送之[後]富及七世子孫

番昌仕宦日遷位至侯王

造藏萬功日煞牛羊酒宍米粲

不可盡[掃]旦食鹽致食一椋記

[之後]世寓寄無疆

　　□□군 신도현 도향 중감리 사람이며 석가불문의 제자인 □□씨 진(鎭)은 역임한 관직이 건위장군, 국소대형, 좌장군, 용양장군, 요동태수, 사지절, 동이교위, 유주자사였다. 진은 77세로 수를 누려, 영락 18년 무신년 초하루가 신유일인 12월 25일 을유일에 무덤을 완성해서 영구를 옮겼다. 주공이 땅을 상하고 공자가 날을 택했으며 무왕이 시간을 택하였다. 날짜와 시간을 택한 것이 한결같이 좋으므로 장례 후 부유함은 칠세에 미쳐 자손은 번창하고 관직도 날마다 올라 위는 후왕에 이르도록 하라. 무덤을 만드는 데 만 명의 공력이 들었고, 날마다 소와 양을 잡아서 술과 고기, 쌀은 먹지 못할 정도이

다. 아침 식사로 먹을 간장을 한 창고분이나 보관해두었다. 기록하

여 후세에 전하며, 영원하기를.

  이 명문 또한 관련 학자들을 대단히 열광케 했는데 이 열광은 안도감
을 동반한 것이었다. 물론, 408년 당시 고구려의 영토가 미치는 범위, 출
생지 신도현의 위치, 유주의 실체에 대한 논란이 없었던 것은 아니다. 하
지만, 적어도 이 무덤이 명문의 주인공 '진'의 것임이 확실하고 명문의 내
용 또한 한결 풍성해서 복원이 어려운 고구려사에 큰 힘이 되어주었다.
게다가 '영락永樂'이라는 광개토왕의 연호까지 당당히 사용하고 있으니
어찌 아니 사랑스러울 것인가. '영화永和'라는 중국 왕(동진 목제東晋 穆帝, 재
위 345~357)의 연호를 사용한 안악3호분과는 달리, 진은 고구려 왕의 연
호를 따르고 있다. 당시 고구려의 대외적 자세랄까, 또는 국가에 대한
고구려인의 자세까지도 짐작하게 하는 대목이다. 그, 유주자사 진은 죽

덕흥리 벽화고분 명문 | 묘주의 이름을 밝힌 유일한 명문으로, 내용 또한 안악3호분에 비해 제
법 상세하다.

30

어 저승으로 가는 길목에서 내보일 자신의 신분증에 '고구려 왕'의 신하로 밝히는 쪽을 택한 것이다. 자신이 있었다는 이야기다.

진의 명문을 보면, 당시 고구려의 귀족들이 그렇게 꽉 막힌 사람들은 아니었다는 생각이 든다. 지루하게 열거하는 관직이야 관습으로 치더라도. 명문 후반부에 나타난 그의 제문에는 그가 불제자이면서도 유교와 도교적 성향도 겸비했음을 알려주는 내용이 나온다. 불교에서 유교, 도교를 넘나드는 사상 세계…… 어쩌면 후대의 우리가 '무슨 교를 세 개나 믿나?'라고 묻는 상황을 이상하다고 여길지도 모른다. 당시의 종교는 절대 신앙의 차원이라기보다는 '좋은 이야기'쯤으로 받아들여졌던 것인지도. 아니면, 죽음 앞에 선 그의, 어쩔 수 없는 두려움을 조금이라도 덜어주기 위한 후손들의 배려였을까. 이렇게 두루두루 여러 성인의 도움을 받아서인지 그는 자신의 이름을 후대에 널리 알리는 복을 누리게 된다.

두 남자의 모습

그럼, '초상' 속의 그들은 어떤 모습인가. 대단하게 나열된 관직을 몰랐다 하더라도 이 초상화들은 정말 범상치 않아 보인다. 논란이 된 안악3호분의 주인공을 먼저 살펴보자. 그의 모습에서 국적까지 읽어내는 것은 무리겠지만 시대를 알려주는 최고最古의 초상화로서, 이후에 그려

진 여러 인물화의 기준이 되는 중요한 벽화
이다.

이 초상은 서측실西側室 서벽에 그려져 있
다. 붉은 기운으로 가득한 화면 한가운데 주
인공이 정좌해 있다. 좌우에 거느린 시종들
은 아주 작게 표현되어 있을 뿐이다. 권력의
크기가 인간의 크기였으며, 이를 시각적으로
확인해야 하는 것이 그 시대의 사고이다. 어
찌 생각하면 솔직한 표현법이기도 하다. 다
른 상징적인 기호의 도움이 필요치 않으니
주인공은 바로 정면에 크게 그려진 그 사람
이다. 벽화를 그리고 묘실을 만들던 그들, 천
몇 백 년 후의 우리가 이런 방식으로 감상하
리라는 것을 상상하지는 못했을 것이다. 그
들은 그 시대의 방식으로 최선을 다해 자신
들의 이야기를 하고 있는데, 우리가 말이 많
다. 살짝 죄송스럽다. 그래도, 여기까지 온 김
에……

주인공은 정면을 향해 있다. 이렇듯 정면
상을 선택한 이유는 신상神像으로 표현하기
위해서라고도 하는데 무덤 안의 모든 벽화

안악3호분 묘주 초상 | 다소 엄숙한 표정으로 등장하는 신상형의 묘주상이다. 붉은 이미지가
선명한 이 초상은 서늘한 서쪽 측실에 조용히 모셔져 있다.

가운데 유일한 정면상의 인물이니 그럴 법한 해석이다. 희로애락을 나타
내지 않은 그의 얼굴. 증명사진을 찍을 때와 같은 그런 느낌. 한쪽으로
치우친 감정을 드러내는 것은, 자신의 온전함을 보여주기에 공정하지
못하다는 생각일 터이다. 갸름한 눈에 윤곽이 뚜렷한 입술선, 사방으로
뻗은 수염이 인상적이다. 붉은 옷을 걸치고, 손에도 역시 붉은색의 귀면
형鬼面形 부채를 들었다. 그를 둘러싼 장방帳房의 장식 또한 붉은색이 선
명하다.

　이 초상화는 주인공 자신이 화면의 중심을 잡은 가운데, 장방의 모양
이며 좌우 두 명씩의 신하들까지 대칭을 이룬 모습이다. 화면 전체의 안
정감을 의도한 것일 텐데, 이제 이승을 떠나 신적인 존재가 된 주인공에
대한 당연한 배려로 보인다. 그는 자유롭게 웃고 떠들던 시절을 벗어났
기 때문이다. 다른 장면에 묘사된 활기찬 인물들의 모습과는 다른, 초
상화다운 엄격함인 것이다.

　화려하면서도 선명한 빛깔을 그대로 간직하고 있는 안악3호분. 그
의 모습만으로는 주인공의 국적이나 정확한 신분을 알기는 어렵다. 하
지만 당시 금보다도 비쌌다는 붉은빛 안료 진사辰砂까지 동원되었으니,
주인공의 세력이 대단했을 것 같긴 하다. 그가 이민족의 한 장수였든,
고구려를 호령하던 군주였든. 이승에서 명을 다한 뒤에도 생전에 누렸
던 삶 그대로 자신만의 독자적인 세계를 거느린 복 받은 사람임에는 분
명하다. 이 벽화를 읽는 이들 스스로 생각해볼 수 있는 재미까지 남겨둔
셈이니 이것도 괜찮은 전략이다.

덕흥리 벽화고분 묘주 초상 | 측실을 떼어내고 양실분으로 진입한 덕흥리에서 묘주의 초상은
전실 북벽에 그려졌다. 주인공을 둘러싼 주변 상황 또한 살짝 북적대는 느낌이다.

50년 세월이 흘러 408년 덕흥리에 닿았다. 고구려 왕의 신하임을 자신 있게 밝힌 진, 그는 어떤 모습으로 그려졌을까. 50년이 긴 세월은 아니지만 그렇다고 아무 일도 일어나지 않고 흐를 만한 시간도 아니다. 초상의 공식만으로 보자면 큰 차이가 없어 보인다. 전실前室 북벽에 그려진 진은 안악3호분의 주인공처럼 정면을 응시하고 있다. 생전의 가장 멋진 차림이 이것이었을까. 아니면 다분히 의도적인 연출이었을까. 침착한 색조의 겉옷을 입고 머리에는 관을 쓴 진. 아마도 격식을 제대로 갖추어 입었을 것이다. 이 모습이야말로 그의 영원한 이미지일 터. 오른손에 부채를 든 자세나 화려한 장방을 두르고 평상 위에 앉은 모습도 안악3호분의 그것과 같다. 즉, '초상화'로서의 도상을 따랐다는 이야기다.

주인공 자신의 모습은 별다른 차이가 없는 데 비해, 주변의 모습은 조금 달라졌다. 안악3호분보다 좀 더 수다스러워졌다고 할까, 등장인물이 부쩍 늘어나 화면에 빈틈이 없다. 그의 무릎 근처에 앉아 시중을 드는 인물들 외에도 평상 뒤쪽으로는 악기를 연주하는 이들까지 등장해서 묘실 속의 어두운 시간을 위로해주고 있다. 게다가 인물들의 크기 비례를 보면, 이제 주인공은 단순히 '크게' 그려졌다고 말하기도 부담스러울 정도이다. 유주자사를 지낸 진이, 안악3호분의 묘 주인보다 더 대단한 권력을 지녔다는 뜻일까. 여러 정황으로 보아 그렇게 말하기는 어렵다. 그럼 무잇인가. 사람의 크기가 권력의 크기라면, 지배계급의 세력 자체가 더욱 강화된 것이라는 해석으로 마음이 기운다. 시간의 흐름이 반드시 우리가 생각하는 방향으로 흐르지는 않았던 것이다.

두 묘 주인의 권력 문제가 나왔으니 잠시, 그 '여러 정황'에 대해 이야기를 좀 해볼까. 안악3호분의 주인이 고구려 왕이 아닌 동수일지도 모르는 상황에서, 그래도 덕흥리 주인인 진보다 더 커다란 권력을 지녔으리라 추측케 하는 것들. 먼저 크기와 양의 문제다. 무덤의 크기로 볼 때에 안악3호분은 현재까지 발견된 고구려 벽화고분 가운데 가장 크다. 아무래도 인력 동원이 문제가 될 터이니, 만만치 않은 권력을 가진 이의 무덤일 것이다. 벽화의 내용으로 볼 때도 그렇다. 두 무덤 모두 벽화 가운데 〈행렬도〉가 등장하는데, 안악 쪽의 행렬이 덕흥리에 비해 그 인원이나 규모가 압도적이다. 살아생전, 그 정도의 행렬을 거느렸음을 나타내는 것이다.

그럼, 정성과 질의 문제는 어떠한가. 두 무덤은 시기적으로 50년 정도의 차이를 보이는데, 물론 이 정도의 시간 차이는 천육백 년이 더 지난 현재를 기준으로 보면 누가 더 '오래되었다'고 말할 정도의 차이는 아니다. 즉 비슷한 시기에 그려진 두 무덤 가운데 안악 쪽의 벽화가 색채나 보존상태 면에서 좀 더 양호하다. 그 이유는 무엇인가. 태생적으로 안악3호분 쪽이 보존이 잘 될 만한 벽화 기법을 사용했기 때문이다. 이 무덤은 벽면인 돌 위에 아주 얇게 회를 바른 후, 그 위에 벽화를 그려 넣었다. 때문에 색채도 선명할 뿐 아니라, 벽면에서 박락되기 쉬운 일반 회벽화灰壁畵에 비해 오래 보존될 수 있었던 것이다. 색채의 문제는 안료 사용과도 연결된다. 같은 색이라 하더라도, 안료의 질에 따라 가격은 천차만별이다. 이런 면에서 보더라도 진사辰砂나 녹청碌靑 등의 값비싼 안료로 붉은색, 녹색을 표현한 안악3호분 쪽이 좀 더 고급스러운 것이 사실이다. 돈과 시간, 인력이 많이 필요한 무덤이었던 것이다. 그럼에도 진은 투자에 비해 얻은 것이 많다. 명예로운 생애와 주인공의 모습을 더욱 확실하게 밝히는 쪽을 택했으니, 자신의 목적을 훌륭하게 달성했지 싶다. 이야기가 좀 길어졌다. 다시 '초상화'의 도상을 여전히 따르고 있던 진의 무덤으로 돌아가 보자.

초상화 자체로 볼 때 이 정도를 너무 큰 변화라 말하긴 어렵다. 주인공의 모습은 별 차이가 없는 묘실 초상. 죽은 이를 신격화하고 예배하는 것이 그 목적인 이상 그의 모습에 변형을 가한다는 건 조금은 두려운 일이다. 그래서 그는 다소 딱딱한 자세의 무표정한 얼굴 그대로이다. 그런데도 여기저기 소란스럽다. 소리 나는 곳을 둘러보다 비로소 깨닫는다. 주인의 모습이 아니라, 주인이 앉아 있는 자리가 달라졌다. 집 구조가 바뀐 50년 사이에, 주인의 거처에도 변화가 있었던 것이다.

주인공이 앉는 자리 __

초상이 그려진 위치를 꼭 따져야 하는가. 물론, 매우 그렇다. 영혼의 집이라 할 묘실에서, 그가 어디에 자리 잡고 있는가 하는 문제는 대단히 근본적인 고민이다. 두 무덤이 세워진 50년 동안 묘실 구조에 변화가 있었다. 이 형식에 맞추어 벽화의 표현도 달라진 것은 물론인데 둘의 관계라는 것이 늘 그러하듯, 어느 한쪽이 일방적인 우위를 지속적으로 점유하지는 않는다. 형식이 내용을 규정하였으나 어느 순간, 내용이 형식의 변화를 유도한 것처럼 보일 만큼 상황에 민첩하게 대응했다고나 할까. 적어도 '묘실 초상'의 위치라는 면에서는 그렇다. 정말?

내 생각만을 묻는다면, 정말이다. 큰 흐름으로 보았을 때, 고구려 묘실 구조는 단순화가 기본 방향이었던 듯하다. 357년에서 408년 사이의 변화도 그랬다. 안악에서 덕흥리로 넘어가는 길에서 묘실 구조는, 장식품을 과감히 떼어내고 가벼운 걸음으로 5세기를 맞이한 듯이 보인다.

안악3호분은 고구려 벽화고분 중에서는 그 구조가 좀 복잡하다. 남향으로 지어진 안악3호분을 입구에서부터 보자면, 연도羨道와 이를 잇는 방 하나, 이어서 전실前室이 있는데 전실 좌우(동서)로는 각각 측실側室이 하나씩 딸려 있다. 전실을 지나면 현실玄室이 나오고 현실의 북쪽과 동쪽에는 'ㄱ'자 형의 회랑이 둘러진 구조이다. 이 가운데 묘주의 초상이 그려진 곳은 두 개의 측실 가운데 서쪽 방의 서쪽 벽면이다. 별도의 방을 만들어 신격화된 주인공을 모신 셈이다. 동쪽 측실과 현실 회랑에 가득 그려진 다양한 생활풍속 벽화들과는 거리를 둔, 조금 서늘한 공간이라고나 할까. 죽은 자에 대한 예를 표한다는 면에서 적절한 경계는 필요할 터이니 효율적인 공간 구성으로 받아들여졌을 것이다.

그런데 측실이란 말 그대로 '옆에 붙어 있는 방'이다. 고구려의 묘실 구조가 단순화를 지향했다면, 이 부분에 먼저 손을 대지 않을 수 없을 것 같다. 실제로 이 측실은 점차 축소되어 자그마한 감실龕室의 형태로

감신총 묘주상(모사도)
| 측실이 축소되면서 자그마한 감실로
남겨진 무덤이 바로 감신총이다.
묘주상 또한 이처럼 감실 안에
다소 옹색하게 그려져 있다.

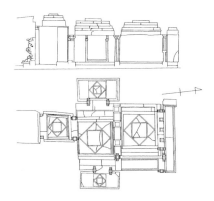

안악3호분 구조도

명맥을 유지하다가 사라지게 된다. 그럼 묘 주인공의 초상은? 측실이 변한 감실 안에 그려진 예가 남아 있어 대강의 사정을 짐작케 한다. 4세기 말에서 5세기 초에 축조된 것으로 추정되는 감신총을 보면, 바로 이 감실 안에 신상형으로 표현된 인물상이 남아 있다. 이미 발굴 당시부터 훼손이 심한 상태여서 자세한 면모를 살피기는 어려우나 큰 흐름을 읽을 정도는 된다. 감실은 말이 좋아 '실'이지 사실 벽장처럼 움푹 패인 공간에 불과하다. 묘 주인을 '별도의 공간'에 모셔놓기는 했으나 좀 답답할 것도 같다. 그리고 이 감실 또한 시대를 거스르지 못하고 곧 폐기될 운명이다.

덕흥리 벽화고분은 '양실분'이라는 이름에 걸맞게 측이니, 감이니 하는 것들과 결별하고 산뜻하게 출발했다. 전실과 현실의 두 방을 갖춘, 전형적인 고구려 고분으로 형식을 정비했던 것이다. 벽화의 내용으로 미루어 보아 덕흥리 벽화고분보다 늦게 조성되었을 약수리 벽화고분의 경우에는 퇴화된 형태로나마 아직도 감실이 남아 있다. 5세기 초에 이미 완벽한 양실분으로 조성된 덕흥리 고분의 묘실 구조는 시기적으로 보아 제법 '선구적'이었던 것이다.

그렇다면 주인공의 초상은 어디로 가야 하는가. 가뿐하게 털어내는 것은 좋았는데 조용하게 홀로 앉을 자리가 없다. 집 구조가 바뀌었으니 독방을 요구할 수 없게 된 것이다. 형식의 변화가 내용의 변화를 수반한다면, 이런 모습의 '초상'을 포기해야 하지 않을까. 결과적으로는 그렇게 되었지만 이제 막 양실분이라는 새로운 구조를 받아들인 덕흥리에서

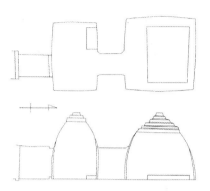

덕흥리 벽화고분 구조도

덕흥리의 묘주에게 배례하는 13태수 | 전실 북벽에는 묘주상, 그 옆인 서벽
에는 13태수를 이어 그렸다. 묘주상이 단독으로 처리된 안악3호분과는 달리, 덕
흥리에서는 주연과 조연을 두 벽면에 나란히 등장시켰다.

는 아직 아니었다. 묘실 벽화의 변화란 그렇게 혁명적으로 도래하는 것은 아니니까. 진의 후손들은 초상화를 포기할 마음이 없었다. 그렇다면, 주인공을 바꾸고 싶지 않다면……. 그에게 어울리는 줄거리를 만들어 조연을 투입하면 어떨까.

진은 전실 북벽의 서쪽에 그려진다(그의 초상이 북벽 전체를 차지하지 못하고 서쪽으로 치우친 것은, 전실의 북벽에는 현실로 통하는 입구를 만들어야 했기 때문이다). 50년 전의 다른 주인공처럼, 성장을 한 채 부채를 들고 정면으로 앉은 그는 옛 도상을 충분히 따르고 있다. 그렇다면 이 방의 다른 벽면을 채운 생활 속의 장면들이 '초상' 형식의 그와 너무 동떨어진 것은 아닌가. 그 어색함을 피하고자 등장한 조연들, 전실 서벽에 나란히 섰다. 그들은 누구인가. 유주자사를 향해 예를 갖추고 있는 13군의 태수들이다. 진은 분명 '예배'의 대상처럼 그려졌다. 그러면서도 자신이 거느렸을 13군 태수와 함께 어우러져 벽화 속의 이야기로 자연스럽게 연결된다. 죽어 '신'이 된 묘주인 동시에 13군 태수와 함께하는 '생활' 속의 유주자사. 연출이 워낙 깔끔하니 주인공의 자리 때문에 고민이었다고, 누구도 생각지 못할 것 같다. 형식의 변화가 난관이라고 생각하는 사람. 진의 초상화를 새겨볼 일이다.

진의 초상 이후, 이렇게 '단독'으로 묘실을 지배하는 정면상의 주인공은 보이지 않는다. 약수리 벽화고분에서처럼 벽면 하단에 옹색하게 그려진 예가 남아 있을 뿐. 이제 초상화의 시대는 막을 내리고 있는 것이다. 즉, 덕흥리의 초상화가 고분벽화의 한 시대를 무사히 마무리했다는 이

덕흥리 벽화고분 묘주생활도 | 현실 북벽에 그려진 또 하나의 묘주상이다. 이처럼 현실 북벽에 묘주(부부)가 그려지는 것은 이후 5세기 고구려 벽화의 보편적인 형식으로 자리 잡는다.

야기로 들린다. 그런데 진의 이야기는 이것으로 끝이 아니다. 전실 북벽의 초상 옆으로 열린 현실玄室 입구를 들어서면 놀랍게도, 거기 또 하나의 그가 등장한다. 여러 시종들의 시중을 받으며 북벽 중앙, 거대한 장방 속에 앉았다. (무슨 연유인지, 옆자리의 부인은 그려지지 않은 채 그 자리만 덩그러니 비어 있다. 이에 대해서는 부부의 합장 문제나 고구려의 결혼 제도를 놓고 여러 의견들이 오간 바 있으나, 우리의 주제에서 살짝 벗어나므로 이만.)

이렇듯 현실 북벽에 생활 속의 모습으로 그려지는 주인공은 주로 5세기 무덤에서 많이 볼 수 있다. 벽화의 주제 변화로 볼 때, 묘 주인의 '초상화'가 사라지면서 이를 '대신하는' 장면으로 선택된 것이다. 그런데 덕흥리의 이 무덤에는 초상화가 여전히 자리를 지키고 있는데도, 이를 대신하는 또 다른 주제까지 함께 그려지는 기이한 현상이 나타난다. 쉽게 말하면, 과도기적인 특성을 보여준다고 하겠다. 초상화가 앞 시대에 속한 흔적이라면, 이러한 묘주생활도는 새 시대의 성격을 드러내는 것이다.

조금 어렵게 말하자면? 묘실에 벽화를 배치하던 순간의 머뭇거림에 대한 이야기가 될 것 같다. '과도기'란, 그 모든 변화 과정을 다 훑어보고

난 후대인들이 내릴 수 있는 판단이다. 408년 덕흥리에서 벽화를 그리던 이들은 자신들의 작업이 세기와 세기 사이에 놓인, 역사적인 변화를 보여주는 일이라고 생각했을 리 만무하다. 초상화를 포기할 수 없는 마음과, 새로이 등장하는 주제 사이에서 고민하며 이런저런 장면을 구상하지 않았을까. '창조'란 어느 날 벼락처럼 내리지는 않는다. 고민으로 머뭇거리다 살짝 내밀어본 그 한 걸음. 진의 이름보다도 더 오래도록 기억되어야 할 일보일지도 모르겠다.

초상, 명문과 함께 사라지다

　새로운 주제를 끌어들이느라 고민했던 화가에게 한 번 더 선택이 요구된다. 주인공이 두 번이나 등장하는 이 무덤. 명문은 어디쯤에 자리 잡는 것이 좋겠는가. 안악3호분처럼, 명문의 위치가 논란을 부채질한 예도 있는 만큼 신중하게 결정해야 할 문제이다.

　그렇다, 바로 여기. 우리의 짐작대로 명문은 정면 초상화가 그려진 전실을 택했다. 그것도 현실로 통하는 입구 바로 위, 전실로 들어섰을 때 정면에 바로 보이는 그 공간이다. 전실의 천장과 벽면을 나누는 중간 부분이기도 하다. 자리로 보자면 정면 초상화보다도 더 '가운데'라는 느낌인데, 이 명문 아래를 통과하면 현실로 들어가 주인공의 또 다른 모습을 만나도록 되어 있다.

덕흥리 벽화고분 명문 위치 | 전실에서 현실로 통하는 입구 위쪽, 전실 천장에 쓰여 있는 명문. 왼쪽으로 전실 북벽에 그려진 묘주상이, 입구 안쪽에는 현실 북벽의 묘주상이 어렴풋이 보인다.

하긴 그럴 법도 하다. 명문이 무엇인가. 주인공 생전의 영화로운 삶을 돌아보며 더욱 명예로운 그의 내세를 기원하는, 묘실 장식의 근본적인 존재 이유를 밝혀낸 명징한 기록이 아니던가. 벽화라면, 그 문자를 시각적으로 풀어낸 '기록'의 2차적 재현인 셈이다. 덕흥리의 이 무덤에는 이러한 명문과 벽화 사이의 질서가 가지런하다.

둘 사이의 질서라면 한쪽이 다른 쪽에게 일정부분 기대는 무엇이 있었다는 이야기다. 벽화 가운데 명문이 가장 크게 기댄 주제는 물론 초상이다. '그'에 대해 읊고 있을 명문 앞에 그의 '모습'이 있어주길 기대하는 건 당연지사. 덕흥리의 초상화는 명문과 근사하게 조화를 이룬 중요한 기록으로 기억되지만, 그 이후 고구려의 벽화고분은 더 이상 명문을 남기지 않는다. 초상이 벽화의 주제에서 밀려나면서 명문 또한 서야할 곳을 잃었던 것인지도 모르겠다. 생활 속 주인공의 모습으로 산뜻하게 역할을 바꾼 묘 주인에게, 다소 굳은 표정으로 읽게 될 '명문'이란 이제는 어울리지 않는 옛 연인 같다고나 할까. 초상화 앞에서 가졌던 경건한 마음이, 새로운 주인공 앞에서는 자꾸 풀어지기만 한다. 명문의 입장도 그랬을 것 같다. 벽면에 펼쳐진 이야기들 사이에 어디 좀 섞여보려 해도, 이 새로운 벽화들은 함께 어울리기엔 너무도 발랄하다. 차라리 초상과 함께, 그 시대와 함께 깨끗이 산화하기로 마음먹는 편이 아름다운 결말인 거다.

다시 처음의 질문으로 돌아간다. 두 고분에 그려진 묘주의 초상은 그저 그림인가, 아니면 기록인가. 무엇이 앞선 가치였을까. 바보같이 따지지 말자. 초상이 기록이 아닌 시대가 없었거늘. 이제 진鎭이 마지막 인사를 한다. 놀라운 기록 정신을 보여준 덕흥리의 무덤이 어떤 말로 명문을 맺었던가. 그의 마음을 헤아려보자면,

이를 기록하여 후세에 부쳐두니, 영원 무강하기를
記之後世寓寄無疆.

명문은 이 '기록'이 우리에게까지 영원히 이어지기를 바라고 있었다. 쉽지 않은 소원이었는데. 그는 매우 운이 좋은 남자다.

성곽도

2 성을 쌓다, 성을 그리다

성곽도, 저마다 다른 시점으로 이야기하다

　고구려 이야기에서 빼놓을 수 없는 것이 바로 그들이 쌓은 성城에 관한 것이다. 성의 존재 이유는 견고함에 있고, 고구려 성이 이름을 얻은 것도 바로 그 이유에서다. 하지만 내게 있어 우선하는 고구려 성의 이미지는 견고함이 아닌, 아름다움이다. 아니, 자신의 존재 이유에 충실하면서도 또 다른 가치에도 인색하지 않았던 그 마음 씀에 대한 감동일 수도 있다. 이제는 그저 추억의 옛터로만 남아 있는 고구려 성.

　아쉬움을 달래고 싶다면, 벽화에 남겨진 고구려 성을 찾아갈 일이다. 왕국이 세워지고 멸망하는 그날까지, 말 그대로 쉬지 않고 전쟁을 치렀던 고구려의 성. 지도를 꺼내 보면 멀미가 날 정도로 많다. 그런데 고구려 사람들은 성 쌓기만큼 성 그리기를 즐기지는 않았던 듯, 벽화에 그려진 성은 달랑 네 장면뿐이다. 〈성곽도城郭圖〉가 일반적인 제재로 받아들여지지는 않았다는 뜻인데. 인물풍속이 주된 화제인 무덤벽화는, 묘주

의 삶 가운데 기념할 만한-또는 기억하고픈-장면으로 구성되기 마련이
다. 구태여 성을 그려 넣었다는 건 그만큼 묘주의 삶에 그 성이 매우 중
요하게 자리했다는 의미가 아닐까. 흥미로운 것은 이 네 개의 고구려 성
이 저마다 다른 형태로 그려졌다는 점이다.

　고구려 벽화고분에 그려진 이런저런 주제들을 살피다 보면, 도상圖像
이 지닌 오랜 힘에 대해 생각하게 된다. 성격상 보수적일 수밖에 없는 묘
실 벽화에서 '새로운 것'의 등장은 정말로 쉬운 일이 아니다. 묘실 전체
의 주제가 바뀌는 데 걸린 시간은 말할 것도 없거니와, 같은 소재에 대해
서도 전대前代의 형식 안에서 아주 조금씩 움직이기 마련이다. 죽은 이들
의 세계 앞에선 아무래도 좀, 조심스러워지지 않겠는가.

　네 개의 성이 모두 다르게, 다시 말하자면 모두 새롭게 그려졌다는 것
은 기준이 되는 도상이 없었다는 이야기가 된다. 고분벽화에서는 매우
희귀한 경우인데, 인기 있는 제재가 아니었으니 그럴 법도 하겠다. 그림
그리는 사람이라면, 재미있고도 난처한 상황에 놓인 셈이다. 성을 그려
라, 너 알아서.

　알아서 하라는 것만큼 겁나는 지시가 없다. 게다가 이 경우는 묘실
안의 벽화 작업이다. 영원히 이곳에 거할 묘 주인의 마음에도 들지 않으
면 안 된다. 당신이라면 어떻게 하겠는가. '알아서' 그린 성곽도가 모두
달랐다. 그냥 표현이 조금 달라진 것이 아니라, 그려진 벽면의 위치는 물
론, 성의 모양새 등에 이르기까지 정말 모든 것이 같지 않다. 접근부터
달랐다고 볼 수밖에 없다. 어쩌면 그들이 '알고자 했던 것'은 같았으되

알게 된 내용에 차이가 있었던 것은 아닐까. 묘주의 삶에서 의미 있는 내용을 담아내게 되는 고분벽화. 전혀 다르게 접근한 네 개의 성곽도를 보면서 그런 생각을 한다. 묘실의 주인에게 있어 성은 무엇인가. 어떤 '기억'으로 남아 있기에 (남기고 싶기에) 그의 성은 이런 모습으로 등장하는가.

성곽도가 그려진 무덤은 요동성총, 약수리 벽화고분, 용강대묘, 삼실총의 4기이다. 주로 4~5세기로 편년되는 무덤들로, 지역으로 보면 평양 근처에서 순천군을 지나 압록강 건너 집안까지 골고루 분포되어 있다. 먼저 요동성총을 만나볼 생각이다.

추억 속의 그리운 땅, 요동성_

요동성총이 우선순위로 꼽힌 것은 바로 무덤의 이름 때문이다. 하지만 이름과는 달리 이 무덤이 있는 곳은 요동 땅이 아닌, 평안남도 순천군이다. 요동과는 멀리 떨어진, 오히려 평양에서 그리 멀지 않은 곳이다. 어인 연유인가.

벽화고분의 이름은 발굴된 지역을 따라 붙이는 예도 있으나, 묘실 안 벽화의 내용을 따라 명명되기도 한다. 요동성총은 후자에 속하는 경우로, 바로 묘실 안에 그려진 벽화의 내용이 이름을 대신하게 되었다. 성곽도 안에 '遼東城요동성'이라 뚜렷이 적혀 있는 데서 비롯되었는데, 이처럼 성의 이름을 밝힌 경우는 4개의 성곽도 가운데 요동성총이 유일하다. 아니, 벽화 안에 묵서를 남긴 경우 자체가 손에 꼽힐 정도이니, 무덤 이름을 대신할 만한 충분한 자격을 갖춘 것이다. '遼東城'은 벽화 속의 성곽을 요동성으로 해석할 수 있는 근거로 주목될 뿐 아니라, 고구려의 요동 지역 장악과 관련하여 중요한 자료가 되기도 한다. 아무래도 이 부분은 역사학자들에게 매우 신 나는 대목이 될 것이다.

그래서 더 궁금하다. 요동 땅에서 멀리 떨어진 이곳에, 어찌 요동성의 그림을 간직한 무덤이 남아 있는 것일까. 게다가 무덤의 구조를 보면 더욱 이상하다. 좌우로 긴 전실을 앞에 두고, 무려 4개의 현실이 일렬로 나란히 지어진 모양새다. 고구려 고분에서는 좀처럼 볼 수 없는 이 묘한 구조는, 바로 요동성이 있던 요양遼陽 지방에서 흔히 볼 수 있는 양식이라 한다. 무덤의 주인과 요동은 좀체 떨어질 수 없는 관계였던 듯한데, 여느 고구려 무덤들과 마찬가지로 묘 주인에 대한 다른 정보는 전혀 남아 있지 않다. 주어진 자료는 이것뿐.

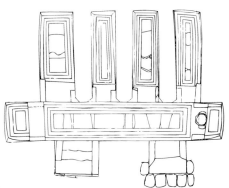

요동성총 구조도

벽화를 보자. 성의 모습은 장방형長方形으로, 내성內城과 외성外城을 갖추었다. 성은 평면도 형식으로 그려졌는데 누각과 문루 등은 시점이 각각 다른 고식古式으로 표현된 것이 재미나다. 성의 오른쪽에 있는 문루는 2층이며 성벽의 모서리에는 단층의 각루도 보인다. 고구려 성 안에는 십자十字로 잘 닦인 도로가 있었다고 하니, 동쪽과 서쪽 성벽 일부가 잘린 것은 성을 관통하는 도로의 표현으로도 볼 수 있겠다.

성 안에는 몇 동의 건물이 그려졌다. 건물들의 크기로 볼 때 전면에 배치된 단층 건물이 이 성의 주요 전각인 듯하다. 문의 모양은 알 수 없으나 용마루와 처마를 간단하게나마 곡선으로 나타내려 한 점으로 보아 지붕은 우진각 형태였음을 알 수 있다. 그 옆의 3층 건물은 요동성에 있었던 9층탑이라 해석되기도 한다. 특히 눈길을 끄는 것은 성벽의 모습이다. 성벽 위의 어떤 구조물을 나타내고자 함이 아니었을까, 싶게 성벽 표현에 변화를 주었다. 凸처럼 그려진 이 부분은 치雉나 성가퀴(여장女墻)를 나타낸 듯한데, 실제로 고구려 성의 유적을 살펴보면 성벽 위에 치나 성가퀴를 쌓았던 흔적이 발견된다. 이 성곽도가 성의 형태를 구체적으로 묘사하는 데 꽤나 관심을 기울였다는 뜻이겠다.

성 위쪽의 또 다른 성터는 자성子城으로 볼 수 있으니, 벽화 속의 이 성은 자성을 두었을 정도의 규모를 갖추었던 것이다. 성 오른쪽에 그려진 강줄기는 요동성 옆을 흐르던 태자하인 듯하다. 이는 요동성의 입지와도 어긋나지 않는 표현인 셈이다. 장방형의 성곽 또한 평지성이었던 요동성을 나타낸다고 볼 때 무리가 가지 않아, 전체적으로 이 성곽도는

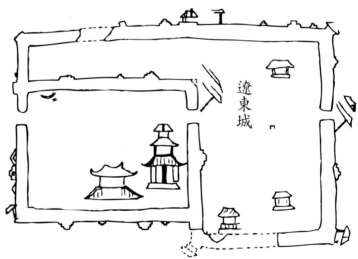

遼東城

요동성총 성곽도(부분) | 반듯한 장방형의 성으로 성벽 위로는 방어용 시설물들까지 그려 넣었다. 건물들 사이로 '요동성'이라는 묵서가 남겨져 있다.

요동성을 나름대로 '충실히' 나타낸 것으로 여겨진다.

물론, 충실하기는 하지만 아름답다고 말하는 건 솔직하지 않다. '회화'라 이름하기엔 무언가 석연찮은 느낌. 4세기라는 시대적 한계 때문일까. 4세기 중엽의 안악3호분과 비교해보자면 '회화적이지 못한' 표현법이 단순히 시대의 문제는 아니다. 이 성곽도는 회화라기보다는 오히려 '지도'에 가깝게 보인다. 화면 안에는 강이 흐르고, 주요한 성과 그 성에 딸린 작은 성이 있다. 여타의 성곽도와는 달리 '遼東城'이라는 지명까지 밝혀놓았다. 이 벽화에서 관심을 기울인 것은 성의 단독적인 모습이 아니라, 그 성의 위치였던 것이다. 왜 그랬을까.

어딘가를 찾아갈 때 우리는 먼저 지도를 펴게 된다. 그곳이 추억 속의 장소라면 어떨까. 지도를 펴서 '보는' 대신 지도를 '떠올릴' 것이다. 그곳은 실재하는 장소인 동시에 마음속에 각인된 공간이기도 하다. '지도'처럼 요동성을 벽화 속에 간직하고자 했던 무덤의 주인. 그의 마음속에 새겨진 그곳은, 크고 작은 성으로 웅장했던 요동 땅이었다. 그가 묻힌 묘실에 요동성을 그려 넣으면서 그 성의 한 부분이 아닌, 요동 땅을 그린 것은 그의 추억이 미치는 범주가 요동성의 작은 부분에 머물러 있는 것이 아니기 때문이다.

더욱 흥미로운 것은 이 성곽도에 드러난 시점視點. 여기, 두 가지 시점이 공존한다. 성 전체의 모습은 멀리서 내려다본 형상이다. 그 전체를 추억 속에 담고 있었다는 것이다. 그런데 건물은 멀리서 본 형태가 아니라, 앞모습으로 표현되어 있다. 늘 그 건물 앞을 오가고 그 안에서 생활했을 사람의 눈높이를 반영한 시점이다. 성벽의 모습이 자못 상세한 것도 주인공의 마음을 나타내고자 함이 아니었을까. 그의 눈길과 손길이 성벽 구석구석에 닿아 있었을 테니까. 마치, 먼 곳에서 시작하여 점차 줌으로 끌어당겨 보는 것 같다. 아득한 회상과 구체적인 장면을 모두 담는 것이 가능해진 셈이다. 때문에 추억의 두 가지 요소가 공존하는 이 장면에서 크기의 비례 따위는 문제되지 않는다. 이렇듯 건축물을 그 부분에

요동성총 성곽도(선모사도) | 마치 지도를 그리듯 성곽의 주변으로까지 시선을 넓히고 있다. 오른편 강줄기는 요동성 옆을 흐르던 태자하가 아닐까. 위쪽으로 그려진 성터는 요동성에 딸린 자성으로 보인다.

따라 여러 개의 시점으로 그린 것은 후대의 그림에도 그대로 이어진다. 각 대상을 가장 '잘 나타내기' 위해 서로 다른 시점이 사이좋게 공존하는 형국이다.

이 성곽도는 단순한 상상의 그림이 아니다. 요동 지역에 대한 상세한 정보를 바탕으로 한 그림이다. 다시 말해, 그 성과 깊은 관계를 맺었던 누군가의 자료가 있었다는 것이다. 성곽의 세부 묘사까지 제법 사실적인 데에 이르면 더욱 그렇다.

요동성을 벽화에 그려 넣어야 할 만큼, 이 성과 관계가 깊은 묘 주인은 누구였을까. 성주城主이거나, 이에 비견할 만한 비중 있는 인물이었을 텐데, 그의 무덤이 요동이 아닌 순천에 지어졌다는 점에 이르면 생각이 좀 복잡해진다. 묘실 구조까지 요동식으로 지은 것을 보면 묘 주인에게 있어 요동은 그저 가벼운 추억의 대상은 아니었던 듯하다. 요하遼河 지역의 수많은 성들 가운데 그에게는 오직 요동성만이 의미 있는 곳이었다. 성의 이름까지 분명히 밝혀 적음으로써, 그 성에 대한 자신의 마음을 드러내지 않았던가.

요동성과 멀리 떨어진 땅에 묻히면서도 요동성 가는 길을 그리워하며, 그 성을 자신의 무덤 안에 소유(하고자)했던 사람. 한 성주가 자신의 성 멀리 떨어진 곳에서 마지막 순간을 맞는다면, 그 땅을 참으로 연연해하지 않겠는가. 이 성곽도는 죽은 이의 추억을 위로하는 살아 있는 자들의 선물로 보인다.

입성入城, 생애 절정의 순간

약수리 벽화고분은 평양 인근인 남포시에 위치한 5세기 초의 무덤으로, 성곽도는 전실前室 북벽에 그려졌다. 성은 요동성총의 경우와 마찬가지로 반듯하게 지어진 평지성의 형태이다. 성의 삼면에는 2층의 문루가 그려져 있으며, 서쪽 면은 훼손되어 벽화의 상태를 알 수 없으나 대부분 대칭구조로 지어진 고구려 성의 구조로 볼 때, 이곳에도 문루가 있었으리라 생각된다. 성의 모서리에는 2층의 각루가 있는데 그 모습을 정면으로 잘 보여주기 위해 기둥을 사선으로 표현한 점이 재미나다. 북

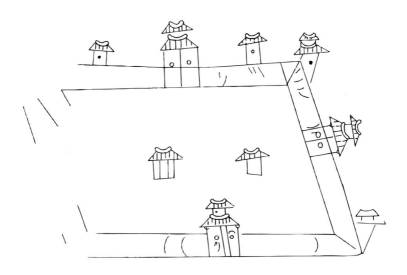

약수리 벽화고분 성곽도(선모사도) | 정방형의 성곽도로 전실 북벽에 그려져 있다. 세부 묘사가 생략된 간략한 그림이지만, 유독 2층으로 높이 솟은 문루가 두드러진다.

쪽 성벽의 문루와 각루 중간에는 단층의 포루가 배치되었다. 문루나 각루와는 달리 치 위에 설치되는 포루는 기둥이 성벽 위부터 그려져 있어, 이 그림이 성 안에서 본 방향을 기준으로 한 것임을 알려준다.

문루를 보자. 지붕에는 기왓골이 가지런히 표현되었으며, 용마루는 곡선인 데 비해 처마는 직선이다. 정문에 표시된 작은 동그라미는 문고리로 여겨지지만, 밖을 내다보기 위한 장치로 볼 수 있지 않을까라는 의견이 제시되기도 했다. 정문 기둥 위의 반원은 공포를 간략화한 표현인 듯하며, 성 안의 건물 두 채는 기단이나 문의 형태도 생략된 채 간단히 그려졌다. 성벽 또한 별다른 시설을 표시하지 않아, 성가퀴 등의 존재 유무를 확인할 수는 없다.

그렇다면 이 성은 당시의 어느 성을 기준으로 그려 넣은 것일까. 평양의 안학궁이 거론되기도 하였으나, 요동성총의 경우처럼 성의 이름이 벽화에 남겨진 것은 아니어서 무어라 잘라 말하기는 어렵다. 다만, 벽화 속 성의 모습과 안학궁을 비교해보면 유사점이 많기는 하다. 벽화에 그려진 성은 정방형正方形의 평지성으로 이루어져 있으니, 안학궁터 유적을 통해 확인한 성 구조와 어긋나지 않는다. 안학궁의 네 벽에는 모두 문루가 있으며, 남벽에는 중문을 중심으로 양쪽에 각각 동문과 서문이 배치되어 있다. 벽화의 경우 남벽이 아닌 북벽의 문루 옆에 포루가 그려져 있는데, 포루의 형태는 문과 크게 다르지 않아 보인다. 이 성곽도는 안학궁은 아닐지라도, 같은 시기에 지어진 고구려 성의 일반적인 형태를 기준으로 그려졌으리라 여겨진다.

그렇다면, 이 성은 묘 주인과 어떤 관계가 있는 것일까. 성의 이름이 명시되어 있지 않은데다, 그림 자체로도 그다지 많은 정보를 제공해주지 않는다. 정보뿐 아니라 회화로서의 아름다움이라는 측면에서도 그리 만족스럽지 않다. 왼편에서 본 입체적 표현을 시도하였으나 시점이 서로 어긋나 있을 뿐 아니라, 성의 이런저런 표현에도 세심함이라곤 찾을 수가 없다. 자세한 부분이라면, 오직 성문의 모습뿐. 2층의 문루, 우진각 지붕, 곡선의 용마루, 기둥 위의 설치된 공포의 존재, 사각형의 문, 둥근 문고리에 이르기까지, 이 성곽도가 고구려 성에 대해 알려주는 무언가는 대부분 성문에서 찾을 수 있다. 성의 위치나 성곽 전체의 모양을 강조했던 요동성총의 성곽도와는 다른 대목이다. 성의 외형에 무심한 듯한 화가의 눈에 유독 성문의 크기나 모양만이 강하게 남아 있었던 이유는 무엇일까. 더 이상 정보를 알아낼 수 없다면 그 주변을 돌아보아야겠다. 북벽을 바라보던 눈길을 오른쪽으로 꺾어보라. 아무래도 북벽의 성곽도는, 성 자체의 모습이 아니라 그려진 '상황'이 주제였던 것 같다.

전실 북벽의 성곽도 오른쪽에는(동벽) 수레에 탄 묘 주인을 중심으로 한 행렬도가 그려져 있다. 흥미로운 사실은 이 행렬이 성의 동쪽 정문을 향해 나아가고 있다는 점이다. 행렬도의 규모로 보아 묘 주인은 생전에 꽤나 강력한 권력을 가졌을 듯하다. 장대한 행렬을 이끌고 성으로 향하는 것은 무엇을 의미하는가. 그는 한 성으로 부임하는 성주이거나, 왕에게 의미 있는 공을 세워 왕궁으로 부름받은 어느 고관일 것이다. 행렬의 면면도 대단해서 순시나 개선 등의 행사에나 갖추었을 의장을 모두 다 보여주고 있다. 개인적인 목적의 나들이가 아닌, 공인公人으로서의 자신을 드러내는 그런 행렬을 그려낸 것이다. 사실 이 대단한 행렬도에 비해 성은 아주 간략하게 묘사되었을 뿐이다. 도저히 이 많은 인물들이 들어갈 수 있을 것 같지 않다.

그것이다. 성은 그 자체로 의미가 있었다기보다는 입성入城하는 장면을 위해 필요했던 셈이다. 그렇다면 성에서 가장 강조해야 할 부분이 성문이라는 점도 이해할 만하다. 아무런 시설물도 표현되지 않은 성벽이나, 기단이나 문의 모습도 생략해버린 성 안의 건물 표현은, 이러한 이유라면 받아들일 수 있겠다. 요동성이 그 묘 주인에게 지녔던 의미와는 전혀 다른 성격을 띠게 되니, 그 성의 이름이 안학궁인가 아닌가는 묘 주인에게 그리 심각한 문제는 아니지 싶다.

중요한 점은 '성의 모습'이 아니라, 묘 주인이 성으로 들어간다는 '상황'이다. 이 대행렬의 주인공으로 당당했던 장면은 내세에도 다시 경험하고픈 최고의 순간이었을 터. 자신의 생애 가운데 가장 화려했던 모습으로 무덤 속에 영원히 남고 싶었으리라.

행렬의 선두를 따라 함께 성 쪽으로 걸어본다. 그런데 다시 보니 성곽도가 그려진 위치가 예사롭지 않다. 성은 전실前室 북벽의 위쪽에 그려졌는데, 그림의 아래쪽에는 현실玄室로 통하는 입구가 열려 있다. 현실이라면 묘 주인이 영원히 기거하는 방이 아닌가. 동벽에서 진행된 행렬은 그림 속의 성을 향하는 것처럼 그려져 있지만, 그 성은 현실의 상징처럼

약수리 벽화고분 행렬도 | 전실 동벽에 배치된 이 행렬은 성곽도가 그려진 북벽을 향하고 있다.
입성의 순간을 이야기하듯, 묘주의 위세를 한껏 드러내주는 장면이다.

보이기도 한다. 성곽도가 작게 그려진 것은 어떤 의미에서는 벽면의 아래쪽을 실제로 열려 있어야 할 입구에 내어주어야 했기 때문일 터이다. 그렇다면 이 대행렬의 목적지는 어디인가. 이들이 통과하는 문은 그저 작게 그려진 벽화 속의 성문이 아니라 성곽도 아래 저 세상, 현실로 통하는 실제의 문처럼 보인다. 성대한 행렬의 주인공이었던 사내. 그 멋진 생전의 삶만큼 여전히 당당하게, 그런 내세를 맞았을 것 같다.

성은 그저 일상의 공간일 뿐

약수리 벽화고분 근처 또 한 기의 무덤으로 떠난다. 무덤의 규모가 커서 이름도 용강대묘. 성곽도는 전실 남벽 아래쪽에 그려져 있다. 앞서의 두 성곽도와는 달리, 성곽 전체가 그려진 것은 아니어서 성의 모두를 이야기할 수는 없다. 성의 북벽과 동벽 일부만이 그려졌을 뿐이다. 하지만 성의 구석구석을 바라보는 세부적인 표현은 다른 성곽도보다 오히려 자세한 편이다.

북벽의 중앙에는 2층의 높은 문루가 있고 이를 중심으로 조금 낮은 2층의 문이 양쪽으로 설치되었다. 2층의 높은 정문은 용마루와 처마가 모두 곡선으로 그려졌다. 처마선이 제법 날렵할 뿐 아니라 기왓골도 가지런히 표현되었고, 지붕 위의 치미를 올린 모습도 한눈에 들어온다. 지붕과 창방 사이에는 '人'자 모양을 그려 넣어 대공을 표시하였다. 문에 달린 두 개의 작은 사각형은 밖을 내다보는 창의 구실을 했으리라 여겨진다. 각루의 모습이 여타의 성곽도와는 달리 2층으로 높이 솟아 있는 점이 두드러진다.

성벽 위에는 기왓골을 가지런히 그려 넣었다. 성가퀴를 묘사한 것이라 해석되기도 하는데, 물론 가능성이 없는 것은 아니지만 그 모양새가 문제가 된다. 용강대묘 성곽도를 요동성총의 것과 견준다고 할 때, 이쪽의 세부 묘사가 훨씬 자세함을 알 수 있다. 용강대묘의 벽화를 그린 화가가 성가퀴를 표현하고자 했다면 요동성총의 경우보다 더욱 그럴듯하게 표현할 수 있지 않았을까. 아무래도 성가퀴보다는 기왓골에 가까워 보인다. 다른 성곽도에서 볼 수 없는 부분은 바닥에 벽돌 무늬 같은 것을 표현한 점인데, 동쪽 성벽의 꺾인 각도와 나란하게 사선으로 벽돌 두 줄을 묘사하였다. 가지런하게 깔린 점으로 볼 때 보도용으로 사용했을 것이라 생각되는데 실제로 고구려 장안성 등의 유적을 살펴보면 바닥에 네모난 돌이나 벽돌을 깔았다고 한다. 꽤나 세련되고 고급스러운 성이었지 싶다.

그렇기는 하지만, 성에 관한 정보로 보자면 약수리의 성곽도보다도 더 생략되어 있다. 그나마 이 성 그림이 남아 있을 뿐, 다른 벽면의 벽화들도 대부분 훼손된 상태여서 주변의 도움을 받을 입장도 못 된다. 거대한 규모로 보아 대단한 세력을 지닌 귀족이나 왕의 무덤으로 여겨지는데, 벽화에 그려진 성의 규모도 무덤의 크기만큼이나 만만치는 않아 보인다.

게다가 벽화는 성 전체를 보여주지도 않는다. 성의 외형을 상상할 수 있는 최소한의 요소만을 화면에 담았을 뿐. 간략하게나마 성곽 전체를 보여주던 앞서의 성곽도와는 다르다. 성이 위치한 지형까지 보여주던 요동성총, 네모난 성의 모습을 보여준 약수리 벽화고분에서 다시 범위를 더 좁힌 느낌이다. 벽화 자체로 본다면 앞서의 두 성곽도보다 한층 잘 그려낸 것이 사실이다. 처마 끝을 들어 올린 맵시 있는 지붕선에서 기와로 마무리한 단정한 성벽, 발걸음을 배려한 깔끔한 벽돌 길에 이르기까지. 세련된 건축미가 돋보이는 아름다운 궁성의 모습을 떠오르게 한다.

그런데 북벽과 동벽의 일부만 그려졌을 뿐이다. 생략치고는 너무 많이 줄여버리지 않았는가. 이것만으로도 성곽도의 역할이 충분하다는 이야기로 들린다. 그릴 수 없어 그리지 않은 것이 아닌, 의도된 생략인 셈이다. 그렇다면 성의 일부만을 그린 이 벽화의 의도는 무엇일까. 생활하는 공간, 그 일상적인 것에 대한 자연스러운 표현은 아닐까. 화가가 말하고 싶은 것은 주인이 이런 성에 '살고 있었다'는 사실, 그 이상도 이하도 아니다. 성이 대단히 정교하고 아름답게 그려진 것은, 실제로 주인의 삶이 그만큼 고귀한 것이었기 때문일 터. 묘 주인이 일상적으로 기거하던 공간인 이상, 그것의 의미를 새삼스레 찾아내어 강조할 필요가 없을 것이다. 추억 속에 그리운 장소도 삶의 절정이 빛나던 현장도 아니라면, 요란을 떨며 성 전체를 화면에 재현할 이유는 없다.

벽면에서 성곽도가 차지하는 비중을 보아도 그렇다. 성곽도는 전실의 남벽 하단에 표현되었을 뿐이고, 그 위쪽으로는 연꽃 그림이 보인다.

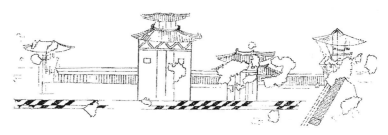

용강대묘 성곽도(모사도) | 성곽의 일부만을 그려내었으나 세부적인 묘사가 빼어나 성의 이모저
모를 살피기에 충분하다. 날렵한 처마선에 가지런히 깔린 벽돌 길 등, 고급스럽게 단장된 궁성이었
던 듯하다.

연봉오리가 성곽도의 2층 문루보다도 더 크게 그려졌다. 주인의 '집'에
그리 대단한 의미를 부여하지는 않았다는 뜻이겠다.

　성은 묘 주인의 편안한 집이었으며, 그의 집이 이런 곳이라는 사실만
을 알리는 듯 벽화는 담담하다. 정성스럽되 야단스럽지 않다. 벽화의 시
점 또한 그렇다. 가까이에서 본, 한눈에 쓰윽 담기는 장면만이 표현되었
다. 물론, 성 안에서 보고 있는 모습이다. 2층 치루의 모습도, 성 안에 깔
린 벽돌의 모습도 이 벽화의 주된 관심이 성의 내부에 있음을 알려준다.

주인공은 으리으리한 궁성이라는 자랑보다는, 평화로운 '일상'의 집으로서 자신의 성을 이야기하고 싶었던 듯하다.

문득 이 대목에서 궁금해진다. 벽화 속 삶의 공간은 이렇듯 작게 남겨져 있는데, 그의 삶을 모두 거두어들인 무덤은 어찌 이리도 장대한 것인지. 사람의 마음은 알 수가 없다. 어느 쪽이 그의 진심이었을까.

가파른 산성, 고구려 사나이의 자랑스러움_

압록강 건너, 고구려 초기의 수도가 자리 잡았던 집안에도 성곽도가 그려진 무덤이 있다. 묘실 세 개가 ㄱ자 형으로 이어진 특이한 구조를 보이는 이 무덤은 그래서 이름 또한 삼실총으로 불린다. 성곽도는 세 개의 묘실 가운데 첫 번째 묘실의 서북 벽에 그려져 있다.

이 성곽도는 성의 전체 모습을 나타내지는 않았지만, 여러 가지 면에서 앞서의 성곽도와는 다른 자료를 제공해준다. 무엇보다도 성벽의 묘사가 독특하다. 반듯한 네모로 성벽을 표현했던 여타의 성곽도와는 달리, 꺾인 사선의 형태를 보인다. 성의 모습을 잘 보여주기 위한 입체적인 표현이 다소 어색하게 나타난 것일 수도 있겠으나, 산성의 모습을 나타낸 것으로 생각되기도 한다. 실제로 후대 조선시대의 지도들을 살펴보면, 산성의 경우 이처럼 지그재그 형으로 성벽을 그려 넣은 예들이 보인다. 눈에 비친 대로 그려내었던, 옛사람들의 솔직한 표현이랄까. 성벽은 지면과 맞닿는 부분을 적갈색의 짙은 띠로 표현하여 성벽 윗부분과 차이를 두었으며, 성벽 윗면에는 성가퀴 등의 별다른 시설물을 나타내지 않았다. 이 성 밖에서 벌어지는 전투 장면으로 볼 때 수성守成을 위한 시설물들을 설치하지 않았을 리는 없는데, 그림을 단순화하는 과정에서 생략되었을 것이다. 성문은 2층으로 지어 올렸는데 곡선의 용마루와 커다란 치미가 두드러진다. 성벽 모서리에는 단층의 각루가 있으며, 전면에는 성 안에 위치한 듯한 커다란 단층 건물이 보인다. 지붕은 별도의 기왓골을 그려 넣지 않은 채 검게 칠했고, 기둥 또한 같은 색으로 표현했다.

이 성곽도의 가장 큰 특징이라면 성과 함께 사람을 그렸다는 점이다. 성 밖에서 벌어지는 전투 장면으로 인해, 이 성곽도는 '공성도攻城圖'라 불리기도 했다. 물론 어느 쪽 인물이 묘 주인인가에 따라 공성도인가, 수성도인가는 달라질 것이다. 묘 주인이 적의 성을 공격하는 장면이라는 해석도 있지만, 문루와 각루의 모습 등이 여느 성곽도에 나타난 고구려 성들과 크게 다르지 않아 적군의 성이 아닌 주인공의 성으로 볼 수도 있겠다. 또는 아군의 전투 훈련 장면으로 생각해도 좋을 듯하다. 성 안쪽에도 사람이 등장한다. 성을 단독 소재가 아니라 생활 속의 공간으로 표현했다는 점에서 인물풍속 벽화다운 면모가 더욱 돋보이는 부분이다.

앞서의 성곽도들과는 달리 어째서 유독, 이 그림에만 사람들이 등장하는 것일까. 그들은 전투(훈련) 중이거나, 그 장면을 바라보거나, 또는

삼실총 성곽도 | 사선으로 굴곡진 성벽과 전투 장면의 활기가 잘 어울리는 성곽도이다. 고구려 사나이의 거친 함성이 들리지 않는가.

성 안 어딘가를 거닐고 있다. 이런저런 사람들의 모습. 이 성은 성주 혼자만의 공간이 아니라는 듯, 제법 여러 사람의 흔적을 기록하고 있는 것이다.

성곽의 표현으로 볼 때, 산성일 가능성이 높은 이 성의 존재 의미는 영토 수호에 있다. 묘 주인에게 의미 있는 장면이 전투였다면, 그를 이 성의 성주로 보는 것에 무리가 따르지는 않는다. 그는 목숨을 걸고 함께 성을 지키던 부하들과의 시간이 가장 그립지 않았을까. 화면에 등장한 사람들 가운데 주인공이 누구인가는 확실하지 않다. 온몸을 갑옷으로 무장하고 말 위에 올라타 긴 창을 휘두르는 인물일 수도, 성벽 위에서 바깥을 바라보는 인물일 수도, 시선을 성 안쪽으로 향한 채 커다란 건물 옆을 지나는 인물일 수도 있다. 혹은, 이들을 바라보고 있으나 화면에는 묘사되지 않은 누군가를 상정하는 것도 가능하다. 사실, 이 벽화는 위쪽 어딘가에서 성을 내려다보는 시점으로 그려졌다. 그곳에서 바라는 보고 있으되, 멀리서 성을 전체적으로 조감하는 느낌은 아니다. 관망자의 시선이라기엔, 화면과 관찰자가 너무 가깝게 느껴진다. 성의 일부만을 묘사한 것도 이 때문인 듯하다.

이 성곽도는 성의 규모를 드러내는 것이 목적은 아니었으며, 그 안팎에서 벌어지는 사건들이 중요한 일이었다. 때문에 성의 모습은 자세하게 표현되지 않았다. 창을 쥔 두 인물과 말의 철갑 무장은 제법 상세한 데 비해, 성 자체의 표현에 그다지 관심을 기울이지 않았던 것이다. 성문이나 건물의 경우, 다른 성곽도에 그려진 기왓골로 미루어 지붕을 기와로 올렸으려니 짐작할 뿐이다. 성벽의 표현도 간략하기 그지없다. 산성이라면 분명 성벽 위에 방어용 시설이 설치되어야 마땅한데도 그림에서는 확인할 수 없다.

이야기의 핵심은 성의 모습이 아니라 성 안팎의 사람들처럼 보인다. 주인공은 성 안의 모두 위에 군림하는 성주였겠지만, 그렇다고 그들과 동떨어진 삶을 살지는 않았으리라. 이 성곽도의 주제는 주인공이 성주였다는 사실 자체에 있지 않고, 성주로서 충실했다는 자랑스러움에 있는 듯하다. 그는 자신의 성에서 보냈던 가슴 벅찬 시간들을 무덤에 간직하고자 했다. 주인공이 성에서 보낸 시간이 활기찬 것이었으므로, 그의 성은 단조로운 형태로 그려져서는 안 될 일이다. 험한 산세에 맞춰 오르듯, 성벽도 자못 가파르다. 인물이 등장하는 활기찬 성의 모습과 조화를 이루어, 이처럼 화면도 율동감으로 넘실대는 것이다.

그렇다면 이 삼실총의 성곽은 고구려의 어느 성을 기준으로 그린 것일까. 굽이굽이 성벽을 두른 채, 지붕 위로는 치미가 치솟은 당당한 문루를 세우고, 성 안팎에서는 전투를 준비하는 사나이들의 함성으로 고구려인의 사기가 드높았을 그곳. 삼실총 멀지 않은 곳에 고구려의 수도를 지키던 산성이 하나 있었다. 혹, 그곳일까.

영원의 성으로 돌아가다

　모두 다르게 그려진 네 개의 성 그림. 벽화의 시점이 주인공(혹은 그를 기념하는 후손들)의 생각을 반영한다면, 이 네 개의 성곽도에는 묘 주인 저마다의 다른 삶이 담겨 있을 터이다. 벽화에 그려진 삶은 생전의 것이되, 영원히 간직하고픈 추억이기도 하다. 이들에게 죽음은 자신이 사랑했던 성城을 두고 떠나는 길이다. 하지만 가슴속에 품어둔 자신의 성으로 영원히 돌아가는 길이 되기도 한다. 가슴속에 성을 간직하고 떠난 자, 그 영원의 성에서 평안하기를.

3

그들만의 아름다운 이야기

생활 속의 부부 초상

각저총에서 만난 한 남자와 두 여자
부부 초상, 공식적인 기념사진
일상, 그 의미 있는 아름다움의 발견
다시, 초상은 초상으로 일상은 일상으로

각저총에서 만난 한 남자와 두 여자

　말을 걸고 싶다. 단정한 차림새로 나란히 앉아 있는 한 남자와 두 여자. 그의 표정은 알 수 없으되 그녀들의 가라앉은 낯빛으로 보아 무언가 심상치 않은 상황인 것 같다. 이러저러한 정황으로 보아 그는 5세기 무렵, 고구려 집안 지역의 한 세력 있는 귀족이었던 듯한데.

　그들이 앉은 자리는 각저총角抵塚이라 불리는 무덤의 현실玄室 북벽北壁이다. 현실의 북벽. 묘실 벽화 전체를 거느리는 바로 그 자리. 여기에 등장한다는 것 자체가 이만저만한 무게가 아니다. 특히나 묘 주인의 일생이 그려지는 인물풍속 벽화 무덤에서 현실의 북벽은 남다른 의미가 있다. 자리로 치자면 상석上席이요, 벽화로 따지자면 중심 화제가 선택되는 곳이다. 그곳에 나란히 앉은 세 사람의 남녀. 묘 주인과 그의 아내들이니 이곳에 그려지는 것은 지극히 마땅한 일이다.

　그런데 익숙하지 않은 무언가가 있다. 묘주墓主 부부가 등장하기에 꼭 맞춤한 벽면, 화려한 장방을 배경으로 그려진 그들이거늘 무엇이 눈에 선 것일까. 제법 자연스럽게 앉아 있는 그들. 자연스러움이라……. 아무래도 그것이 이 낯섦의 주된 이유인 듯하다. 자연스러움이 오히려 낯설게 느껴지는 자리. 모두들 기념사진 찍는 자리에서 그들만 스냅사진 풍이다. 진짜 별난 사람들 아닌가. 그 이야기를 듣고 싶다.

부부 초상, 공식적인 기념사진

격식을 갖추게 되는 자리가 있다. 옷차림은 물론 자세나 표정까지 신경 쓰고 싶은, 신경 쓰지 않으면 안 되는 자리. 이 자리, 묘주 부부가 영원히 남을 자신들의 초상을 준비하는 곳이다. 하여 모든 것이 완벽하지 않으면 안 되겠다. 현실 북벽에 남는다는 건 그런 의미가 된다. 언제부터? 출발부터 그랬었다.

부부의 초상을 거슬러 오르자면 역시나 고구려 고분벽화의 출발 격인 안악3호분에 이른다. 묘 주인의 신분 여부로 거센 논쟁에 휘말렸던 바로 그 초상의 주인공과 그의 부인 초상이 매우 정교하게 그려져 있던 무덤이다. 초상화란 이런 것이어야 한다는 기준작이 되는 셈인데 묘주는 전실에 딸린 서쪽 측실 서벽에, 부인은 그 왼쪽인 남벽에 그려져 있다. 같은 화면에 나란히 앉지 않고, 각각의 자리에. 부인이 묘주를 향해 살짝 몸을 틀어 그를 바라보는 형식이기는 하지만, 그녀 또한 자신만의

각저총 묘주생활도(모사도) | 현실의 북벽은 주로 묘주 부부의 모습이 그려지는 중요한 자리다. 각저총 현실 북벽에 나란히 앉아 있는 한 남자와 두 여인. 무슨 이야기를 나누는 것일까. 일명 〈전별도〉라 불리는 장면이다.

벽면을 온전히 지키고 있었던 것이다. 보는 입장에 따라서는 '부부 초상'이라 묶어 말하기엔 어색하다고 느껴질 법한 자리 배치다. 하지만 이 어색함은 안악3호분의 것일 뿐이다.

변화의 시작은 덕흥리 벽화고분. 안악3호분보다 반세기 뒤에 만들어진, '초상'의 기준으로 볼 때 옛것과 새것 모두를 가지고 있는 무덤이다. 여전히 앞 시대의 법도를 이어 묘주의 단독 초상이 남아 있는 이 무덤이, 그 법도를 넘어선 지점이 바로 여기였다. 부부가 함께할 수 있는 자리를 만들자.

현실 북벽에 커다란 장방을 치고(물론 이것은 단독 초상에서 빌려 온 형식이다) 넉넉한 공간을 마련한 것이다. 묘 주인이 먼저 자리를 잡았다. 그는 이 자리에서도 전실에 그려진 단독 초상과 유사한 모습으로 등장한다. 오른손에 부채를 든 자세까지 같은 것으로 보아, '초상화'를 위한 포즈 자체가 변한 것은 아닌 듯하다. 다만 자신과 일생을 함께했던 또 한 사람의 자리를 고려하였으니, '2인 초상'의 개념이라고나 할까. 안악의 주인공들도 주시했을, 그런 장면이다. 안악3호분이 안채와 사랑채로 나뉘어 독립적 공간을 주장하는 부부상이라 한다면, 이쪽은 사이좋게 한 방에 기거하는 그런 부부 같다는 이야기다. 멋지게 차려입고 시종들의 시중을 받으며 위엄 있는 태도로 나란히 자리한 부부라니, 생각만으로도 그림이 된다. 그런데 문제가 생겼다. 그녀가 오지 않은 것이다.

주최 측으로선 난감한 상황이다. 자리까지 떡하니 비워놓은 마당이니 묘 주인의 단독 초상으로 사태를 수습할 수도 없다. 이미 그녀를 모시기 위해 장방 밖으로는 차양 달린 소수레를 대기해놓은 상태다. 시녀들의 공손한 기다림 또한 이처럼 가지런하지 않은가. 조금 더 기다려보자. 하지만 여전히 소식이 없다. 여주인이 없는 빈자리. 결국, 그냥 비워두기로 했다. 2인 초상을 남기고자 했다는 마음, 그것만이라도 남기는 방법을 택한 셈인데 다행스러운 일이다. 어설픈 대역은 서로에게 참기 힘든 일이니까.

그런데 그녀가 오지 않은 이유는 무엇일까. 그의 제안이 마음에 들지 않은 것인지, 아니면 이승에서의 남은 삶이 더 유혹적이었던 것인지. 결국 그녀의 모습은 남겨지지 않았다. 묘 주인 진鎭에게 쏟아진 역사의 관심으로 보자면 그녀로서는 근사한 제안을 놓친 결과가 되었다. 부부 초상을 시도했던 덕흥리 벽화고분의 현실 북벽. 마무리를 짓지 못한 아쉬움에 너무 매여 있지 말자. 하나의 출발은 그것만으로도 대단히 힘겨운 걸음이다.

여주인공의 모습이 궁금한가. 걱정할 것 없다. 408년 덕흥리에서 시도했던 그 부부 초상의 온전한 모습은 이후의 현실 북벽에 꽤나 자주 등장한다. 묘실의 네 벽면을 사신四神과 공유한 후에도 이 부부상만큼은 인물풍속의 마지막 화제로 벽면을 지키고 있다. 시대가 예전 같지는 않다 해도, 그래도 주인공들의 초상이었으니까.

여주인의 모습까지 온전한, 진정한 부부 초상을 보고 싶다면 쌍영총이나 약수리 벽화고분을 찾을 일이다. 성장盛裝을 한 채 정면으로 나란히 앉은 그들은 이 중요한 자리를 기념하기에도 아주 그럴싸하게 그려졌다. 두 고분 모두 양실분으로 지어진 가운데, 이미 사신이 벽면으로 제법 내려오기는 했으되 풍속적인 주제들이 여전히 아름다움을 발하고 있던 시기의 무덤들이다.

먼저 세부적인 묘사가 좀 더 상세한 쌍영총의 현실로 들어가 보자. 덕흥리에서 본 것과 비슷한 모양의 장방을 마련하고, 그 안에 앉아 있는 남녀 주인공. 묘주 쪽을 바라보니 어째 처음 만난 사람 같지가 않다. 머리에 쓴 반듯한 관에 붉은색 옷주름. 삐쳐 오른 콧수염에 이르기까지. 그렇다. 안악3호분의 주인공을 다소 간략화하여 그려 넣은 듯하지 않은가. 다시 말해 이 정도가 초상화 제작을 위한 기본 차림이었다는 뜻이다. 일반화라 부르면 되겠다.

일반화가 묘 주인 쪽에서만 진행되었을 리 만무하니, 덕흥리에서 만날 수 없었던 '그녀'의 모습도 쌍영총 여주인을 통해 짐작해볼 만하다. 부인 또한 붉은색 계열의 커플 룩으로 남편과의 조화를 신경 썼는데, 그 옷주름까지도 같은 방향으로 나란하다. 두 손을 앞으로 모아 쥐고, 다리를 포개어 앉은 그 자세 또한 부부가 다르지 않고. 흥미로운 것은 이들 남과 여 사이에 묘한 힘겨룸이 흐른다는 점이다. 그녀는 그에 비해 조금도 더 공손하지도, 위축되어 있지도 않다. '동등한' 부부상을 연출하고 있는 셈인데, 두 인물의 크기는 어떠한가. 고대 회화에서 인물의 크기란 곧 권력의 정도가 아니었던가. 그런데 쌍영총의 남편과 아내는 이처럼 같은 크기로 화면의 중심을 잡아주고 있다.

그녀의 선배 격이라 할 안악3호분 여주인의 경우, 남편을 향해 예를 취하듯 두 손을 소매 속으로 가린 채 살짝 몸을 돌려 앉았었는데(때문에 그녀의 얼굴은 정면으로 그려지지도 못했다). 벽화가 생활의 진실을 반영하는 것이라면, 적어도 쌍영총의 여주인은 남편에게 하고픈 말을 마음속으로 삭이며 살지는 않았을 것이다. 괜찮은 시대다.

이것이 부부가 나란히 같은 평상 위에 앉아 서로의 마지막을 기념하던 고구려 부부 초상의 보편적 모습이다. 일반화를 지향하기 위해서는 의당 자신만의 개성을 어느 정도 포기할 수밖에 없을 터인데, '초상'의 목적이나 기능으로 볼 때도 이것이 이치에 맞는다. 이미 현세에 속해 있지 않을 초상화 속 인물은 개인의 감정을 지나치게 드러내는, 그런 표정으로 그려져서는 좀 곤란하기 때문에. 그들은 모두 그 역할에 꼭 어울리는 정도로 엄격함을 유지하는 중이다.

하여 그들이 이처럼 '평상 위에 앉은' 모습으로 그려졌다 하더라도 이 장면이 어떤 '상황'을 재현하는 것이라 말하기는 어렵지 싶다. 다시 말해 이런 포즈는 쌍영총 묘주 부부만의 추억이 깃든 특별한 순간을 묘사한 것은 아니라는 이야기다. 그건 묘실 벽화의 초상이라는 양식의 문제일 뿐이다. 그들은 의례히 따라야 할 것을 따랐던 것이다.

조금 의아한 것은 그들을 둘러싼 배경이다. 장방까지는 여느 무덤과 다르지 않아, 이것이 초상을 위한 의식적인 장치라는 것에는 별다른 의견이 없을 듯한데. 쌍영총만의 독특한 내용은 이 장방 안에 다시 호화로운 가옥을 그려 넣고 나서, 이곳에 인물들을 모셨다는 점이다. 두 배경의 크기가 바뀌었다면 오히려 설득력이 있을 법도 하건만, 어찌 장방

쌍영총 묘주 부부 초상(모사도) | 커다란 장방 안으로 화려한 가옥이 그려진 독특한 부부 초상
이다. 두 남녀가 같은 크기로 그려진 점이 눈길을 끈다.

안으로 느닷없이 집 한 채가 들어서 있는 것일까. 아니, 무슨 연유로 이 커다란 집을 감싸 안 듯 장방을 둘러친 것일까. 이유는 '일반화'를 따른 다는 그들의 입장에서 찾을 수 있지 싶다. '평상 위의 인물상과 장방'이 라는 구성은 이미 하나의 공식으로 받아들여졌으니, 부부를 위한 다른 무엇을 고민했다면 장방이라는 공간 안에서 해결할 필요가 있었던 것 이 아닐까. 그것이 그들 생전의 화려한 삶을 보여주는 멋진 가옥이든, 삶의 또 다른 한 조각이든. '초상'이라는 약속된 틀 안에서 이 정도만으 로 개성을 내세우겠다는 거다.

약수리 벽화고분의 부부상도 기본은 크게 다르지 않다. 쌍영총의 부 부 초상과는 달리, 상세한 묘사를 생략한 채 그저 '부부 초상'이라는 화 제를 최소한으로 보여준 약수리 벽화고분. 두 개의 묘실 가운데 전실은 인물풍속적인 주제로 채워 넣었으나, 현실의 주도권은 이미 사신에게 내 어준 무덤이다. 그런데도 이 부부 초상만큼은 현실을 고집하고 있다. 간 략하다 못해 초라한 모습으로 남아 있을지언정 '현실 북벽'이라는 자신 의 위치에 대해서는 양보하지 않겠다는 태도다. 화면의 구성 요소 또한 앞서의 부부 초상들과 대체적으로 유사하다. 평상 위에 나란히, 정면을 향해 앉은 묘주 부부. 그들을 감싸 안은 장방. 그리고 작게 그려진 시종 들. 묘주 부부의 특징적인 무엇을 이야기할 수 없을 정도의 간략한 필치 였음에도, 이 기본적인 '양식'만은 확실히 지키고 있다. 여느 주제에 비해 아무래도 그 움직임이 신경 쓰이는 것이 주인공들의 '공식적'인 모습이 었을 테니까. 이런 자리에서 남다른 자세를 요구할 만큼, 고구려의 귀족

약수리 벽화고분 묘주 부부 초상 | 아주 간략한 필치로 묘사된 부부 초상이다. 이들 옆으로는 현무가 그려져, 현실 북벽 벽화의 주제 변화를 예고하고 있다.

은 그렇게 개성 넘치는 인물들은 아니었던 모양이다.

　아니, 그 공식성이야말로 부부 초상을 지켜줄 최후의 보루였는지도 모른다. 수렵총으로 넘어가 보면 정말 그런 생각이 든다. 이 수렵총은 앞서의 약수리 벽화고분보다도 묘주 부부의 거처가 더욱 옹색한 상황에 처한 무덤이다. 약수리 벽화고분의 경우, 부부 초상이 비록 현무와 벽면을 공유하기는 하였으나 거처할 곳이 없어서 그랬던 것은 아니다. 전실의 넓은 벽면들도 묘 주인을 위해 준비되어 있었지만, 현실 북벽이라는 상징적 자리를 지키기 위해서였던 것이다. 하지만 수렵총은 그렇게

수렵총 묘주 부부 초상(모사도) | 세 아내를 거느린 사내의 모습이 보인다. 묘실 구조가 단실묘로 옮겨 갔음에도, 여전히 부부 초상만큼은 제자리를 지키느라 애쓰는 중이다.

여유 있게 자리를 고를 입장이 못 된다. 방이라고는 현실 하나뿐, 그나마도 이미 네 벽은 사신이 새로운 주역으로 세력을 다지고 있다. 인물풍속 시절의 동료들은 추억으로만 남아 있는 상황이었으니, 북벽의 부부 초상을 제외하고는 서벽과 동벽에 등장하는 인물은 각기 한 사람. 풍속 벽화 시대의 쓸쓸한 잔영이다. 이런 상황이라면 아무래도 사신들의 위세에 눌려 슬쩍 그 눈치를 살피기 마련 아닌가.

　하지만 수렵총의 이 부부 초상은 애써 담담한 모습으로, 주인으로서의 품위를 갖추고 있다. 세부 묘사가 완전히 생략된 약수리에 비하자면 오히려 주변 환경도 꽤 그럴듯한 편이다. 예의 그 장방에는 적절한 장식도 베풀어져 있고, 장방 오른편으로는 묘 주인을 위해 준비된 말 한 마리와 시종이 대기하고 섰다. 장방 안 인물은 모두 네 사람. 다소 크게 그려진 인물이 묘의 주인이고, 그 옆으로 세 부인이 나란히 앉아 있다. 앞서의 묘주들에 비해 처복이 많은 사내다.

그런데 기이한 것은 세 부인들 가운데 어떤 차이나 차별적 요소가 두드러지지 않는다는 점이다. 신분에 따른 인물의 크기 차이에 유독 민감했던 고대에서, 그녀들은 크기가 다르게 그려지지 않았을 뿐 아니라 다른 차림으로 묘사되지도 않았다. 당시 고구려 사회는 조선시대 식으로 처첩의 구분이 상하관계로 인식되지는 않았던 것일까. 그녀들은 모두 '부인들'인 것이다. 이렇듯 나란히 사이좋은 모습으로(어찌 되었건 여기는 공식적인 자리니까) 남편과 함께 기꺼이 영원의 길을 떠날 준비를 마친 것처럼 보인다.

아니, 이미 그 길에 들어섰다는 편이 옳겠다. 네 사람의 옷차림에서 무언가 특이한 장식이 보인다. 단순한 옷장식일 리는 만무한, 작은 날개처럼 솟아오른 이것은 '영건靈巾'이라 불리는데 신적인 존재에게 부여되는 상징적인 표현이다. 벽화에 등장하는 불상 등에 덧붙여지기도 했었는데, 이처럼 묘주 부부에게도 그려졌던 것이다. 그들은 이미 지상의 존재가 아니라는, 이승을 떠나 신적인 존재로 받아들여졌다는 이야기다. 무언의 압력 속에 힘겹게 현실 북벽을 지키고 있던 수렵총의 주인들. 이 정도의 대접이라면, 마지막까지 현무와 세력 다툼을 벌인 보람이 없지 않았다.

공식적인 부부 초상으로 한정하고 싶다면 여기가 이야기의 끝이 되어야 한다. 우리가 아는 바와 같이, 수렵총 다음 단계의 벽화라고는 〈사신도〉만으로 정리될 것인즉. 현실 네 벽을 신령스런 기운으로 지켜줄 사신 앞에서 아무리 묘 주인이라 해도 더 이상 자신의 자리를 주장하는 것은 민망한 일이 되고 만다. 누구도 이런 식으로 남고 싶지는 않을 것이다.

그렇다면? 비공식적인 장면까지 확장해본다면 어떤가. 역시 수렵총에서 전체적인 줄거리가 마무리되는 것에는 변함이 없다. 다만, 이야기를 수렵총에서 좀 거슬러 올라간다면, 그 중간 어디쯤에 전혀 다른 느낌으로 자리 잡은 묘주 부부를 만날 수는 있다. 바로 각저총 현실 북벽을 지키고 있던 그들이다.

일상, 그 의미 있는 아름다움의 발견_

그다지 개성 있는 표현을 요구하지 않았던 여느 묘 주인과는 달리, 주인공들의 요구가 '어, 이렇게까지?' 할 정도로 놀라운 벽화. 언뜻 보자면 이 장면을 부부 초상으로 엮어 말하기가 난처할 정도로 파격적인 장면이다. 엄밀한 의미에서 부부 '초상'은 아니다. 이렇게 일반적인 '장르'로 대하기엔 어딘가 어색한 그들.

물론 구성 요소를 따져보자면 부부 초상에 필요한 것들을 두루 갖추고는 있다. 위치로 보아도 현실 북벽이니 주요 화제로서의 자격이 충분하고, 묘 주인과 그의 아내들이 평상 위에 앉아 그 전신을 보여주는 구성은 기록이라는 목적으로 볼 때도 그리 부족함이 느껴지지 않는다. 부족하다니, 오히려 그 반대에 가깝다. 사실 각저총의 그들을 부부 초상화의 흐름 가운데서 그냥 지나쳐버리게 된 것도 이것 때문 아닌가. 초상이란 틀 속에 가두기에 이 장면은 너무 많은 '이야기'를 간직한 것처럼 보인다.

생생한 추억이 담겼을 듯한 이 장면. 영원성을 위해 개성적인 아름다움을 포기하기로 했던 초상의 약속을 어겼다는 비난을 피하기 어렵게 되었다. 그들, 각저총의 주인공들에게 해명의 기회를 주고 싶다. 허나, 그들이 도리어 묻는다. 그런 약속에 동의한 적 있었던가. 부부 초상 대열에 서겠다고 자청한 기억이 없다는 것이다.

난처한 일이긴 하지만, 그들의 말에 동의할 수밖에 없다. 문제는 오히려 이쪽에서 풀어야 할 상황이다. 부부 초상이라 주장하지 않는 그들을 애써 이야기 속으로 불러들였으니 해명은 오히려 나의 몫이 되어버렸다. 결국, 태생의 시비를 가리기 위해서는 출발점으로 돌아가지 않을 수 없겠다.

대략 5세기 전반에 축조되었을 각저총. 부부 초상의 진원지인 408년의 덕흥리 벽화고분보다는 조금 후대의 무덤으로 알려져 있다. 덕흥리로 말하자면 이미 현실 북벽에 부부 초상을 그리기 위한 벽면을 큼직하니 남겨두었을 뿐 아니라, 이를 위한 일반적인 형식까지도 친절하게 제시해주었었다. 생활풍속을 주된 화제로 삼고자 하는 후대 무덤의 '양식적' 고민을 깨끗이 정리해준 셈이다. 덕흥리의 결정 이후, 많은 무덤들의 현실 북벽이 묘주 부부에게 양도되었다. 묘실의 가장 중요한 자리에 주인공들이 그려지는 것은 덕흥리의 가르침이 아니더라도, 누구나 쉬이 수긍할 수 있는 선택일 터. 그런데 각저총은 그 가르침을 다소 자의적으로 해석한 것 같다.

화면을 보자. 커다란 장방이 프레임처럼 인물들을 감싸 안고 있다. 사실 부부 초상이라 주장한 적 없다는 각저총을 오늘 이 자리에서 만나게 된 것도 바로 이 장방이 눈에 밟혔기 때문이다. 안악에서 덕흥리를 거쳐, 그 이후로도 여전히 묘 주인을 공손히 받쳐주고 있던 그 소재가 등장하고, 그 안에 주인공들이 앉은 형상이니 소재의 구성만으로 보자면 대단한 친연성이 아닌가 말이다.

하지만 각저총은 전하고 싶은 이야기가 달랐다. 아니, 전하고 싶은 '이야기'가 있었다. 화면의 왼편, 다부진 체격의 묘 주인. 황갈색 상의에 점무늬 바지를 받쳐 입은 멋쟁이다. 집안 지역에서 먼저 유행한 이 점무늬 패션은 이웃 무용총을 비롯한 여러 벽화에서 그 무늬를 변화시켜 가며 등장하는데, 이후 평양 지역으로까지 그 인기를 이어가고 있다. 상의 또한 단색으로 마감하지 않고 어깨 부위와 깃, 소매단 등에 짙은 색을 더했다. 고구려인들의, 지루하지 않은 패션 감각이다. 주인답게 두 손을 앞으로 편히 모으고 높은 탁자 위에 당당하게 앉은 자세인데, 아쉬운 것은 그의 얼굴을 볼 수 없다는 점. 벽화의 박락으로 인해 이 멋진 차림의 고구려 귀족이 어떤 표정으로 영원의 집에 남겨졌는지 알 수 없게 되어버렸다.

　주변 정황으로 짐작할 수 있으려나? 그의 왼쪽 허리께에 보이는 칼 한 자루. 오른쪽 뒤편 탁자 위에는 활과 화살이 놓여 있다. 주인공의 삶을 기념하는 무덤 벽화에서 별다른 이유나 목적 없이 등장하는 소재란, 있을 수 없다. 게다가 이곳은 그 가운데서도 매우 특별한 이야기를 전하는 자리이다. 주인공이 대단한 무장武將이었다는, 그 사실을 전하고 싶었던 것일까. 물론 그럴 수도 있다. 이처럼 그의 신분을 상징하는 소재를 좌우로 거느린 상황이라 해도 이야기 전개상 그리 어색할 것은 없다. 그렇다면 그는 무인다운 기상 가득한, 그런 표정으로 자리를 지키고 있었다고 생각할 수도 있겠다.

　하지만 부인들 쪽으로 눈길을 돌려보자니 아무래도 상황이 그렇게 간단하지 않다. 그녀들은 그와 함께 떠난다는 느낌보다는 그를 떠나보낸다는 분위기에 가깝다. 정면을 보고 앉은 묘 주인과는 달리, 그녀들은 그를 향한 자세로 그려졌던 것이다. 얼굴 또한 4분의 3면 정도로 각도를 맞추었는데 여느 부부 초상 속 인물들이 모두 정면상으로 등장하는 것과는 다른, 그런 자세다. 그것도 탁자에 편안히 올라앉은 남편과는 달리 단정히 무릎을 꿇고 있다. 예를 표하듯, 두 손을 모아 쥐고 상체를 앞으로 살짝 기울인 공손한 태도로. 표정 또한 그렇다. 희로애락을 드러내지 않은 채 영원을 기념했던 여느 여주인들과는 달리, 두 여인은 가슴에 담은 무언가가 있는 기색이다.

그녀들의 차림새 또한 대단히 이름 있는 날을 위해 성장을 한 것 같지는 않다. 두 여인 모두 머리에는 흰 머릿수건을 단정하게 매었을 뿐 별다른 치장을 하지 않았는데, 길게 내려오는 저고리에 맵시 있게 허리를 묶고, 잔주름이 곱게 잡힌 주름치마를 받쳐 입고 있다. 색감으로 보자면 둘째 부인의 두루마기가 좀 더 화사한 문양으로 장식되었을 뿐인데, 아무래도 젊은 여인이었을 터이니 그 정도의 기호를 반영한 것이겠고. 세련된 차림이기는 하지만 애써 멋을 내거나 어떤 자리를 의식하지는 않은 듯하다. 그녀들은 오늘, 기념사진 촬영을 위해 모인 것은 아니었다. 그저 어느 하루에 있었던 이야기가 화면 위로 옮겨진 것일 뿐이다.

다만 그 하루가 왜 이 날이었는가에 대해 듣고 싶다. 부부가 함께 등장하지만 초상의 형식은 아닌, 초상의 외형에 기대지 않았으되 그들 부부에게 가장 특별한 의미로 기억되었던. 즐거운 한때를 추억하기 위한 것이었을까. 각기 독상 하나씩을 받아놓고 이런저런 담소를 나누던 지극히 평범한 일상을, 이 삶이 그대로 내세까지 이어지기를 염원하는 마음으로? 지나치게 화려하지 않은 인물들의 차림새나 실내 분위기로 볼 때 그럴 수도 있겠다, 싶다. 하지만 이 중요한 '현실 북벽'에 그날이 그저 그날인 어느 하루를? 그렇게 마음먹었다면 이 묘의 주인은 평범한 하루에서 삶의 기쁨을 얻을 줄 아는 대단히 철학적인 인물이거나, 혹은 그 정도로 두 부인과의 일상이 행복했던 인물이거나 (이쪽이 더 대단한 철학자다) 둘 중 하나다.

두 가지 모두 여간 어려운 일이 아니다. 공식적인 자리가 아닌 곳에서도 기꺼이 부인들을 대동했던 이 남자. 이웃에 자리한 무용총을 보라. 자유롭게 장면을 선정하라 했더니, 현실 북벽 위로 부인의 그림자도 비치지 않는다. 각저총 묘주의 진정을 의심해서가 아니라, 상황을 따져 생각하더라도 '일상의 즐거움'이라는 해석만으로는 아무래도 '이벤트'적인 요소가 부족하다. 묘실 벽화라는 그 독특한 성격으로 보자면 '아, 그날!' 하고 떠오를 정도의 추억을 담고 싶지 않았을까. 도대체 그날은 어떤 날이었을까.

다시 화면으로 돌아가 보자. 소소한 대화를 주고받는 자리라기엔 그들의 앉음새가 다소 어색하다. 남편은 입식으로, 부인들을 좌식으로. 도저히 편안히 이야기를 나누겠다는 자세로 보이지는 않는다. 남녀가 이토록 유별했다는 이야기일까. 벽화에 드러난 여러 배경으로 볼 때 당시 고구려의 부부관계가 이렇게 답답했던 것 같지는 않은데. 아무래도 이건, 어떤 '사건'을 대하는 태도에 가깝다.

세 사람은 크게 두 그룹으로 나뉜다. 남편과 부인들. 그들이 같은 화면에 등장한 것은 사실이지만, 그 사이에는 미묘한 격리감이 있다. 남편 쪽은 '모셔져 있다'는 느낌이 물씬한 데 비해, 여인들은 그를 '향해' 몸의 방향까지 슬쩍 비틀고 있다. 서로의 입장이 달랐던 것이다. 이를테면 이런 상황. 길 떠나는 남자를 배웅하는 여자들의 이야기 같은. 하여 이를 전장戰場으로 떠나는 남편과의 이별을 담은 〈전별도餞別圖〉로 해석하는 이도 있다.

이런 사연 쪽으로 귀가 쏠리게 되는 건, 다소 경직된 듯한 남자의 자세와 그의 좌우에 놓인 칼과 활, 여인들의 쓸쓸한 표정이 어울려 말 그대로 '이별도'라 부를 만한 분위기가 갖추어졌기 때문이다. 그럴듯한 이야기다. 5세기의 고구려. 이 강력한 제국을 이루기까지의 그 수많은 전장 곳곳에는 그만큼의 이별이 있어야 했을 것인즉. 고구려의 귀족에게 제국의 강토를 넓혀 이를 수호하는 길은 개인의 명예이자 사내로서의 운명이었다. 하여, 사내는 당당한 자부심으로 담담하고, 여인은 숙명적인 슬픔으로 담담하다. 부부의 이야기를 담고 싶었던 각저총, 그 현실북벽이 택한 장면이 바로 이 순간이라면 능히 그러했을 법하지 않은가.

일상이되, 일상은 아닌 이별들. 때론 짧은 헤어짐 후에 재회의 기쁨을, 하지만 때로는 그 자리가 영원한 작별의 순간이 되기도 했으리라. 각저총의 그들을 다시 바라보게 되는 건, 이 순간이 혹 마지막 만남일 수도 있다는 그 가능성 앞에서이다. 그렇게 전장으로 향한 사내는 그것으로 영원의 길을 떠난 것인지도, 모르겠다. 떠나는 그도, 보내는 그녀들도 알지 못했겠지만 벽화를 그리는 이는 알고 있었으리니. 화가는 바로 그 순간의 의미를 여인들의 쓸쓸한 표정에 담아낸 것은 아닐는지. 일상적 이별이라기엔 그녀들의 슬픔이 절박할 만큼이나 초연하다. 특히, 주인 곁에 앉은 첫째 부인의 표정을 보자니, 탈색한 슬픔의 빛깔이 이러할 것이다. 모든 감정을 넘어선 이가 지닌 무색의 아름다움.

그렇다면 다른 한 여인의 표정은 그렇지 않다는 말인가. 그녀들 슬픔의 색에 어떤 차이라도? 솔직히 말하기는 조금 난처한 자리이지만, 내겐 그렇게 보인다. 부인들에게 똑같은 차림새를 요구했던 수렵총과는 또 다르게, 두 여인이 각기 개성 있게 옷을 골라 입고 등장한 각저총. 둘째 부인으로 보자면 확실히 첫째 부인과는 다른 분위기가 느껴진다. 몸을 제법 깊게 기울여 남편에게 예를 표했던 첫째 부인과는 달리, 뒤에 앉은 그녀는 고개만을 살짝 숙인 모습이다. 그렇게, 두 여인의 감정은 같은 기울기로 흐르지는 않았던 것 같다. 이유는 묻지 않기로 한다. 개개인이 지니는 감정의 차이란, 몇 마디 단순한 형용어로 정리되지 않을 것인즉. 진정 그녀의 속마음이 궁금한 이는 묘 주인이겠지만, 그의 표정을 알 수가 없다. 아니, 그 또한 젊은 부인의 이 복잡한 감정에 대해, 거기까지는 관여할 수 없다는 사실을 받아들이는 쪽을 택하지 않았을까.

짧은 이별, 혹은 영원한 이별. 벽화가 기록한 것이 그들 부부의 마지막 순간이었다면 이 장면이 현실 북벽에 새겨져 부부의 초상을 대신한다 해도, 그 무게가 결코 덜하지 않다. 오히려 그들만의 소중한 시간을 남기는 쪽이 더 '진실'에 가깝다고 생각하는 사람들이 있을 수도 있다. 우리에게 각저총의 부부상이 달라도 너무 다르다고 느껴지는 것은 이미 격식을 갖춘 평양 지역의 부부 초상들을 먼저 만났기 때문일 것이다. 하지만 각저총 현실 북벽을 장식할 '부부의 모습'을 고민하던 그 화가에게 평양식의 상식을 그대로 요구할 수는 없지 않을까. 결과적으로 보자면 각저총이 여느 무덤들과 다른 길을 선택한 것은 확실한데, 그 길이 매우 아름다웠던 것 또한 사실이다. 수많은 '부부의 모습' 가운데 '전별도'라는 식의 애칭으로 불릴 수 있는 유일한 장면이지 않은가.

다시, 초상은 초상으로 일상은 일상으로

그렇다. 각저총은 시작이자 끝이었다. 자유로운 일상 속의 부부 초상. 꽤나 멋진 이야기를 담을 수 있는 형식이었는데 하나로 끝이라니, 다소 의외의 결과다. 주제의 정체성에 대한 확신이 없었기 때문일까. '초상'이라는 각진 틀 안에 '일상'을 담아내는 작업이 생각만큼 쉽지 않았던 것일까. 아니, 그 생각 자체가 쉽지 않았다. 그러고 보면 각저총 현실 북벽은 꽤나 멀리 떨어진 두 주제 사이에서 아슬아슬 절묘하게 줄타기를 하고 있었던 것이다.

덕흥리 벽화고분이 시도했던 부부 초상이 각저총에서 잠시 새로움을 입는가 했었지만, 결국 이후의 흐름은 그 두 주제가 확실하게 나뉘어 각각의 길을 걷게 된다. 엄격한 초상 형식에 중심을 둔 부부상은 앞서 본 바, 쌍영총과 약수리 벽화고분, 수렵총에 이르기까지 말 그대로 사신도 시대에까지 버티는 저력을 보여주었다. 주로 평양 지역의 5세기 벽화고분들로서, '부부 초상'이라는 명료한 양식으로 묶어 이야기할 수도 있었고. 그렇다면 각저총에서 시작되었으나 결국 막을 내린 그 내용, '일상'은 어떤 형식으로 이어졌을까.

그 이웃의 무용총이 좋은 답이 된다. 무덤의 위치나 그 구조, 벽화의 내용 등에서 각저총과 대단한 유사성이 있는 무덤으로, 쌍분雙墳으로 불릴 정도였던 무용총이지만 이 현실 북벽에 이르면 조금 다른 태도를 보인다. 다소 엉뚱한 이야기를 하는 것도 같은데, 이곳에는 더 이상 주인 부부의 이야기는 등장하지 않는다. 일명 〈접객도接客圖〉라 불리는 무용총 현실 북벽의 벽화에서 묘 주인과 함께 화면을 주도하는 이는 주인을 방문 중인 승려로, 두 사람은 마주 앉아 음식을 들며 이야기를 나누는 중이다. 화기애애한 분위기 속에 여주인의 자리는 마련되지 않았으니, 일생을 함께 지낸 부인 입장에서는 좀, 서운했을 장면이 아닐 수 없다.

이처럼 등장인물이 확연히 달라졌는데도 무용총을 각저총의 그 부부상에 이어 생각하게 된 것은 바로 '일상'을 현실 북벽으로 끌어왔다는 점 때문이다. 배경으로 그려진 장방이나 식기의 모양 등 세부적인 묘사들까지도 매우 유사하고. 하지만 무용총의 화가는 각저총의 한쪽 길만을 이어받아 일상의 이야기를 전하고 있을 뿐, 부부 초상의 정신에서는 진정 자유로워져 더 이상 그 형식에 얽매이지 않게 되었다. 이제 현실의 북벽은 부부에게 헌정된 자리가 아니다. 묘 주인 '개인'의 의미 있는 사건을 근사하게 담아내면, 되었던 것이다.

물론, 현실 북벽에서는 사라졌을지언정 묘주 부부는 여전히 벽화 여기저기에 등장한다. 예불을 드리거나, 가족과 함께 나들이를 하는 등. 멋지게 차려입은 여주인의 묘사에도 인색하지 않았으니, 그녀 또한 그리 크게 서운해할 일도 아니다. 그런데도 여전히 각저총의 〈전별도〉가 남다르게 다가오는 이유는 또 무언가.

묘실의 인물풍속 벽화에는 묘주의 일생이 담겨 있다. 그 벽면을 둘러본다는 것은 그의 평생 앨범을 펼쳐보는 것과 비슷한 느낌일 터. 사실, 대부분의 고구려 고분벽화에는 누구의 일생에서나 있을 법한 비슷비슷

무용총 묘주생활도(모사도) | 무용총의 현실 북벽에는 묘주 부인이 등장하지 않는다. 여주인
의 입장에서 보자면 꽤나 서운했을 이 장면은 〈접객도〉라고도 불린다.

한 '행사' 장면들이 가득하다. 대외적인 시선을 의식한, 그런 이름있는 순간들을 골랐을 테니까. 하지만 유독 각저총의 부부상 앞에서 마음이 흔들린 것은 여느 묘실에서는 볼 수 없었던, 지극히 개인적인 그 사연 때문이다. 게다가 현실 북벽이라면 그 앨범 가운데서도 남다른 의미를 지닌 최고의 '한 장'을 뽑아놓은 자리인데, 그는 그 귀한 자리를 부인들과의 만남으로 마무리했던 것이다. 초상 속으로 일상을 끌어들인 신선한 파격의 벽화. 두 개의 이질적인 화제가 만나 그 순간의 의미를 더욱 오래도록, 아름답게 남겨주고 있다.

그런데 어인 까닭일까. 선배들의 지도에 따라 엄정한 부부 초상을 그려나가던 평양 지역과는 달리, 어찌 집안 쪽에서는 무덤 하나를 건널 때마다 이처럼 새로운 이야기들이 튀어나오는 것일까. 이후의 벽화들을 보아도 두 지역은 서로 다른 분위기를 물씬 풍기고 있는데, 일찍부터 중국 문화의 영향을 받았던 평양 쪽이 아무래도 보수적 성향이 두드러졌기 때문이라는 일반적인 해석에 기대야 할 것 같다, 아직까지는. 물론 그것만으로는 각저총이 시도한 그 새로움의 이유에 대해 답할 수는 없겠지만, 그 이유라면 오직 각저총의 그들만이 들려줄 것이므로 다시 천천히 그들의 이야기를 읽을 뿐이다.

천천히 읽는 것이 좋겠다. 다시는 볼 수 없는 장면 아닌가. 부부가 나란히 등장하는 이런 장면은, 고구려 벽화 이후로는 거의 실종된 장르라고 할 수 있다. 그 이후 어떤 부부도 화가 앞에서 이처럼 사이좋은 모습을 연출하지 않았다. 수많은 그녀들의 남편들은, 그저 한 남자의 모습

으로만 남겨질 운명이었다. 이리 보아도 저리 보아도, 각저총 현실 북벽
은 남다른 자리다.

★서남향으로 지어진 각저총을 비롯한 몇몇 무덤의 경우, 묘실이 정남향이 아
니어서 '북벽'도 정북正北 방향은 아니다. 때문에 현실 안벽, 혹은 오벽奧壁이라
말하기도 하는데 이 글에서는 묘실 내의 주요 화제가 그려진 이 벽면의 호칭
을 '북벽'으로 통일하였다.

연꽃만으로 충분하다

연꽃 장식 무덤

오직, 연꽃뿐
연꽃무덤의 아름다운 계보
연꽃무덤, 상징의 세계를 꿈꾸다
연꽃의 무한 변신, 상징에서 문양까지

오직, 연꽃뿐

'산연화총散蓮花冢'이라 불리는 무덤이 있다. 흩날리는 연꽃으로 가득한 무덤이란다. 환상적이면서도 아련한 이미지. 더 이상의 명명命名이 없을 것 같다. 도대체 어떤 벽화가 그려져 있기에 이처럼 눈부신 이름을 얻게 된 것인가. 과연 묘실 내부의 벽화란 오직, 연꽃뿐이다. 벽면에서 천장에 이르기까지.

하지만 연꽃이 산연화총만의 것일 수는 없다. 적어도 고구려 고분벽화에서 연꽃은, 그렇게 고유한 이름으로 소유할 수 있는 대상이 아니다. 연꽃이 그려지지 않은 무덤이 몇이나 되던가. 산연화총이 연꽃과 매우 깊은 관계가 있기는 하지만 독차지하기엔, 그는 너무 아름다운 존재다. 이 무덤이 이처럼 근사한 이름으로 남을 수 있었던 것은 운이 좋았기 때문이기도 하다. 다른 무덤들보다 세상에 먼저 알려졌다는, 그것. 실제로 많은 무덤들이 이 꽃을 지극히 사랑했을 뿐 아니라, 그를 위해 묘실을 통째로 내어주는 데에도 주저함이 없었다. 가히 연꽃의 시대라 할 만한 아름다운 시절이 있었으니 5세기, 고구려가 한창 잘나가던 그 어느 무렵이었다.

연꽃무덤의 아름다운 계보

일단 산연화총으로 들어가 본다. 그 이름값을 한다는 생각이다. 하지만 산연화총은 이처럼 화사란 이름 때문이 아니더라도, 고구려 벽화고분들 가운데 매우 '유명'한 무덤이다. 적어도 공식적인 문헌에 '기록'된 최초의 벽화고분이 바로 이 산연화총인 까닭인데, 이미 1907년에 이 아름다운 벽화의 존재가 알려지면서 집안 지역 고구려 유적에 벽화고분이 있다는, 대단히 의미 있는 사실을 세상에 전했던 것이다.

묘실 가득 연꽃이 피어 있다. 그 자체로 하나의 아름다운 연지蓮池인 양, 연꽃 피우기에만 전념한 무덤. 현실玄室 안을 가득 채운 그들은 팀을 이루듯 벽면에는 정면형으로, 천장에는 측면형으로 그려져 있다. 아니, 이 묘실 전체를 연지라고 생각했던 것일까. 현실에 누워 바라볼 누군가의 눈높이를 반영하듯 연꽃의 모양새를 달리했다. 벽면의 꽃은 위에서 내려다본 모습으로, 천장의 것은 옆에서 바라본 모습으로. 연지 한가운데 편안히 누운 채 이승의 마지막 길을 떠나는 묘주를 위한 선물이었다면, 어울릴 법한 배치가 아닐 수 없다.

연꽃의 형태 자체가 두드러지는 것은 아니다. 고구려 연꽃이라 말할 때 쉬이 떠올릴 수 있는 그런 모양새. 벽면을 장식한 것은 여덟 개의 꽃잎을 활짝 피운 '8엽 연꽃'이다. 화려한 장식도 없이, 풋풋하면서도 단정하게. 천장을 채운 연꽃은, 꽃잎 아래로 슬쩍 내린 꽃대 끝을 양쪽으로 독특하게 구부린 형태다. 그 모습이 특이해 보였던지 1907년 이 벽화를 처음 발견한 프랑스인 에두아르 샤반느E. Chavannes는 '백합꽃 같다'고 묘사하기도 하였다. 꽤나 그럴듯한 표현이다. 사실 고구려식 연꽃을 많이 보지 못한 이들이라면, 백합과에 속하는 어느 꽃을 닮았다는 생각을 할 법한 모습이다. 5세기 고구려 집안 지역에서 흔히 등장하는 이 모양새는 측면에서 바라본 연꽃의 꽃잎을 투시해서 본 듯, 길쭉하게 겹쳐 그린 것이라 한다.

연꽃만으로 장식한 무덤은 산연화총 이외에도 여럿 남아 있는데, 모두 5세기가량에 지어진 것으로 분류되는 미창구 장군묘, 장천1호분, 장천2호분, (전)동명왕릉 등이 그들이다.

산연화총처럼 연꽃의 이미지를 전면에 내세운 무덤은 아니지만, '연꽃무덤'의 모든 것을 이야기하자면 오히려 그 이름도 밋밋하기 그지없는 장천1호분이 제격이지 싶다. 묘실을 장식한 그 다양한 연꽃의 역할과 종류들로 볼 때 이 무덤이야말로 진정한 '연화총蓮花塚'이라 이름해야 할 것 같다. 그렇게 불리지 못한 이유가 단지 산연화총에게 명명命名의 순간을 선점당했기 때문이었을까. 꼭 그렇지만은 않다. 그 수많은 연꽃을 품고 있으면서도 여전히 묘주의 삶에 대한 '이야기'를 포기하지 않았기 때문이다. 양실분인 장천1호분의 묘실 가운데 전실前室에는 여느 5세기 무덤들처럼 인물풍속의 이야기들이 그려져 있으며, 온전히 연꽃으로만 채워진 것은 현실玄室 쪽이다.

먼저, 현실을 보자. 활짝 핀 연꽃들이 네 벽과 천장받침에 가득하다. 너무 복잡하게 진화하지 않은, 역시 소박한 형태의 여덟 잎 연꽃이다. 적당한 간격을 두고 묘실 전체를 수놓은 연꽃들. 수수하면서도 야무진 모습이다. 그렇다곤 해도 똑같은 모양을 그려 넣은 것도 아니다. 비슷한 크기의 유사한 외형으로 통일성을 갖추면서도, 조금씩 다른 문양과 색채로 지루함을 덜었던 것이다. 멋진 생각이다. 여느 연꽃무덤들이 똑같은 모양의 연꽃을 반복한 경우와도 또 다른 장면인 셈인데, 연꽃으로 뒤덮인 묘실은 말 그대로 연화장蓮花藏 세계 그 자체다.

하지만 '연꽃무덤'으로서 장천1호분이 두드러지는 이유가 이 아름다운 현실 때문만은 아니다. 조금 다채로운 연꽃을 그려 넣는다는 생각은 물론 꽤 산뜻한 시도이기는 했지만, 혁신적인 변화라고까지 말할 수는 없다. 장천1호분을 아무 거리낌 없이 연화총이라 부를 수 있다면, 이는 연꽃만을 그려 넣은 현실 혼자의 공은 아니다. 오히려, 묘주의 삶에 관심이 많았던 전실이 그 이상의 몫을 한 덕이다. 전실은 연꽃에만 집중하지는 않았다. 대단히 많은 '이야기'들이 그려져 있어 그쪽으로 풀어볼 때도 주인공의 삶이 참 근사했겠구나, 생각하게 된다. 매우 낭만적이면서도 소소한 멋이 있는 벽화이다. 담겨 있는 내용인즉 크게 다른 것도 아니건만, 어찌 된 연유인지 고구려의 여느 생활풍속 벽화들에 비해 무언

장천1호분 현실의 연꽃 | 네 벽에서 천장까지, 장천1호분의 현실은 연꽃으로 가득하다. 수수하면서도 야무진 고구려 연꽃의 전형을 보여준다.

가 아련한 아름다움이 있다. 연꽃 때문이다.

하지만 전실 벽면 어느 곳에서도 연꽃은, 자신만의 배타적인 영역을 고집하고 있지는 않다. 네 벽 가운데 보존상태가 가장 나은 북벽을 들어보자면, 연희와 수렵 등 여러 사건들이 그려져 있는 화면 곳곳에는 그 시간 속으로 파고들 듯, 혹은 이야기를 감싸 안 듯 꽃비가 내린다. 화사하면서도 환상적인 장면이다. 수줍은 분홍빛의 앙증맞은 꽃봉오리, 아리따운 꽃송이들이 화면의 빈 공간 사이사이를 향기롭게 채우고 있으니, 여느 벽화에서는 도저히 상상할 수 없었던 색다른 미감이다. 어떻게 여기까지 올 수 있었을까.

이처럼 온 벽면에 날리는 연꽃들을, 그저 아름다운 장식이겠거니, 그렇게 생각할 수도 있었다. 하지만 온 벽을 연꽃으로 장엄莊嚴한 현실玄室로 보건대 이는 단순한 장식을 위한 문양일 수 없다. 이 또한 묘 주인의 내세를 염원하는 소망의 헌화인 것이다. 현실만으로는 아무래도 부족하다고 느꼈던 것일까. 그렇다고 전실까지 장식무늬로만 채우는 길로 들어서지도 않았다. 화가는 이야기를, 이 생생한 삶의 아름다운 기록을 포기할 수는 없었다. 하여, 새로운 장면이 그려지게 되었으니 이렇듯 이야기와 연꽃이 함께 어울린 벽화가 창조되었던 것이다. 주인공의 삶, 그 한 순간순간까지도 연꽃들이 감싸 안고 있는 것은, 이 시간들 또한 연꽃의 가호加護와 무관하지 않았다는 이야기를 덧붙이고 싶었기 때문이었으리라.

그랬던 것 같다. 고개를 들어 천장을 올려다보라. 화사함에 눈이 부

장천1호분 전실 북벽 | 묘주 일생의 이런저런 이야기가 가득한 벽면 사이사이로 분홍빛 연꽃이
흩날린다. 여느 벽화에서 볼 수 없는, 낭만적이면서도 아련한 아름다움이다.

시다. 천장까지 이어진 각 받침석마다, 이런저런 모양으로 한껏 피어 있는 연꽃들. 주인공 부부의 예불도禮佛圖와 여러 보살상들이 그려져 불교적인 색채가 물씬 풍기고 있으니, 과연 연꽃은 불교적 상징으로 이렇듯 가득한 것이다. 연꽃들 가운데는 극락에서 다시 태어나기를 바라는 연화화생蓮花化生의 모티프도 여럿 등장한다. 남녀가 나란히 한 송이 꽃에서 탄생하는 모습으로 남겨진 것을 보니, 다시 태어나더라도 부부의 연을 잇고 싶다는 소망을 빌었던 것인지도 모르겠다. 묘주 부부 사이가 남달리 각별했다는, 그 사모의 염을 담아낸 것일까. 이처럼 묘주의 일생을 그려 넣은 전실에까지 연꽃의 아름다움에 푹 파묻혀 있으니, 고구려 연꽃의 모든 가능성을 실험하는 것 같은, 그런 벽화다.

그 자리마다 다양한 색채로 빛을 발하는 장천1호분의 연꽃들에 이어, 다시 연꽃에게 모든 책임을 던진 벽화고분 몇을 더 만나보려 한다. '이야기와 연꽃'의 조우가 예사롭지 않았던 장천1호분은 결국 그 유일한 예로 남게 되었는데, 다른 무덤들이 애써 이 멋진 조합을 고려하지 않고 오직 연꽃만을 고집했던 데에는 무언가 다른 이유가 있었을 것 같기도 하다.

미창구 장군묘, (전)동명왕릉의 경우 벽화의 양상은 대체적으로 산연화총과 같다. 분명 당시의 일반적인 유행을 따르고 있었다는 의미인데. 아니, 이 무덤들이 5세기 중엽쯤에 나란히 지어짐으로써 하나의 반짝이는 유행을 만든 것이겠다. 연꽃의 모양을 새롭게 가져가거나, 뭐 그랬던 것은 아니다. 이들 무덤이 탄생하기 이전부터 고구려 묘실 곳곳을 장식

장천1호분 전실 천장 | 전실의 천장에도 이처럼 연꽃이 가득하다. 연꽃 중간 중간에 보이는 소
재들 또한 비천이나 연화화생 등의 불교적인 세계관을 보여주는 것들이다.

했던, 그 연꽃들이 무리 지어 서로의 자리를 배려하며 그렇게 나란히 그려져 있었을 뿐이다. 다소 밋밋하다고 말할 수 있을 정도의, 그런 배치. 화면 구성으로 말하자면 더 이상 단조로울 것도 없을 정도다.

무덤 안을 좀 더 자세히 살펴보자. 미창구 장군묘는 집안 지역에서 조금 떨어진, 고구려의 첫 수도 환인 지역에 속해 있는 무덤이다. 대체적으로 집안권 벽화고분들과 그 맥을 같이한다고 보면 되겠다. 단실분으로 진행되는 과정에 있었던 듯, 연도 양쪽에 전실이 퇴화하면서 남긴 두 개의 측실側室과 현실로 이루어져 있다. 이 가운데 양 측실에는 '왕' 자문王字文이 그려져 있으며, 현실의 네 벽과 천장에는 연꽃만이 가득하다. 장식무늬로 채워 넣되, '주인공 연꽃과 또 하나의 조연'이라는 조합으로 이루어진 셈이다.

현실의 연꽃을 보면 뭐랄까, 이 무덤의 주인이 도대체 누구였을까, 하는 생각이 먼저 든다. 무덤의 규모나 기타 정황으로 보아 왕릉급으로 이야기되고는 있는데, 그는 누구였을까. 이처럼 연꽃마저도 질서를 갖추어 빽빽하게 피어난 곳에 묻혔던 묘의 주인은. 물론, 하나의 장식문양이 묘실 전체를 책임져야 할 때 일정한 규칙이 없을 수는 없다. 다른 연꽃무덤들 모두 그 사실을 외면하지는 않았다. 하지만 미창구 장군묘의 현실은 그 규칙을 좀 과하게 받아들인 것 같다.

벽면과 천장 모두를 예의 그 고구려식 측면형 연꽃만으로 가득 채웠는데, 이 벽화가 조금 불편하게 느껴지는 점은 한 가지 모양의 연꽃을 사용했다는 사실보다는, 그들의 배치 방식에 있다. 벽면에도, 천장에도 일렬로, 나란히 나란히 피어 있는 연꽃들. 한 송이라도 더 피워내지 않으면 안 된다는 듯이, 연꽃과 연꽃 사이에 빈 공간을 허락하지 않았다. 좀 여유 있게, 이웃의 자리를 곁눈질해가며 각자가 서로의 공간을 지키고 있던 여느 연꽃무덤들과는 다른 점인데. 화가가 결코 무겁지 않은 이 소재에 대해 다소 무겁게 반응한다는 느낌이 들 정도다. 무슨 이유가 있었던 것일까.

역시 이처럼 현실 전체를 연꽃으로 채워 넣은 대형 고분으로 (전)동명왕릉이 있다. 벽화고분으로는 드물게, 봉토분이 아닌 석실분인 점도 남다르지만 연꽃무덤 가운데는 정말 드물게, 평양 지역에 조성된 점 또한 예사롭지 않다. 왕릉으로 보기에 충분한 이 넓은 현실 안에(현재까지 알려진 벽화고분의 현실 가운데 가장 크다) 그려진 벽화라고는 연꽃뿐이었는데, 당시 평양 인근 묘실 벽화의 흐름과는 거리가 있는 것이 사실이다. 연꽃은 활짝 핀 정면형으로 그려졌으며, 각기 6개의 꽃잎을 갖추고 있다. 결국 압록강 유역의 유행이 대동강까지 남하한 셈인데, 하지만 이쪽 지역에서는 연꽃무덤에 그다지 관심이 없었던 듯 (전)동명왕릉 외에는 별다른 반응을 얻지 못한 것 같다. 그렇다면 유행이 전해졌다기보다는, 집안의 한 무덤을 '옮긴다'는 느낌으로 읽는 것이 자연스럽지 않을까. 이 특이한 무덤에 대해서도 묻고 싶은 것이 한두 가지가 아니다.

그런데 말이다. 이렇게 한 가지 소재만을 고집했는데도, 재미없다고 타박하는 것이 아니라 오히려 작은 유행의 가지를 뻗어 나갔다는 사실이 놀랍다. 지금까지의 그 어느 소재도 가져보지 못한, 특권이라면 대단한 특권이 연꽃에게 주어졌다. 아무래도 그의 배경이 궁금해진다.

여기에 이웃집 사정을 돌아보면 상황이 좀 더 재미있게 전개된다. 이처럼 여러 형제로 태어난 연꽃무덤들은 그렇다 치자. 그런데 불쑥, 산연화총 인근의 환문총이 친족 관계를 주장하고 나섰다. 이 특이한 벽화고분은 또 무엇인가. 환문총은 그 이름처럼 동심원同心圓만으로 묘실을 장식한 무덤인데, 일단 단일 장식무늬라는 면에서 큰 흐름을 같이하고 있다. 게다가 그 동심원 안에 연꽃을 그린 흔적이 엿보이기도 하고.

연꽃과는 달리, 그 문양이 좀 당황스럽기는 하다. 그를 만난 자리가 묘실이 아니었다면, 아이들 장난으로 치부해버렸을는지도 모를 정도의 문양이다. 하지만 연꽃이 주인공인 이 장에서 환문총을 그냥 지나쳐버리지 못하는 것은 또 무엇 때문인가. 단순히 연꽃을 원 안에 그려 넣었다는, 그 흔적에 마음이 흔들려서인가? 꼭 그것만은 아니다. 왜 연꽃인가 하는, 상징성을 운운하지 않을 수 없는 시점에서 이 동심원과 맞물리는 무언가가 있기 때문이기도 하다.

연꽃무덤, 상징의 세계를 꿈꾸다

왜, 연꽃인가. 연꽃이 무엇이기에 '단일' 소재로 묘실을 지킬 수 있었는지. 불교적 색채로 가득한 장천1호분과 연꽃의 관계를 살펴보면 일단 이 소재의 성격이 고구려 벽화에서 어떻게 받아들여졌는가를 알 수 있

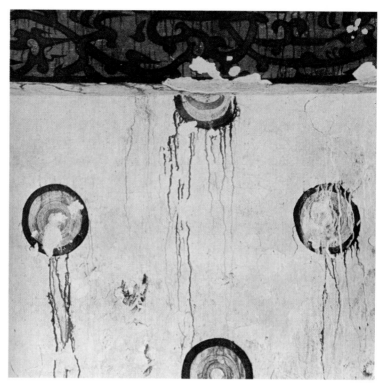

환문총 동심원 무늬 | 동심원을 그려 넣은 독특한 무덤으로, 동심원 안에 연꽃을 그렸던 흔적이 보이기도 한다.

다. 하지만 연꽃을 오직 그런 의미로만 해석할 수는 없다. 불교가 독점할 수 없는, 대단히 많은 상징을 담고 있기 때문이다.

학계의 반응을 간단히 짚어보자. 연꽃은 불교 같은 특정 종교가 아니더라도 예로부터 흔히 말하는 하늘, 즉 천신天神의 상징으로도 널리 사용되었다고 한다. 태양을 의미하는 자리에도 특유의 햇살 문양을 덧입은 형상으로 등장하기도 하고(일종의 햇살 연꽃이라 생각하면 되겠다), 고대 이

집트나 인도에서도 생명의 꽃으로서 깊은 사랑을 받았었다.

연꽃이 '미술'의 한 소재로 발탁된 것은 이처럼 참으로 오래전의 일이었는데, 이 꽃이 지닌 생태적 속성이 한몫했음은 물론이다. 아침이면 새로이 꽃대를 올려 솟아오르거나, 진흙 속에서 피어나면서도 더욱 깨끗한 아름다움을 지키는 연꽃의 이미지가 다양한 상징을 대신할 수 있었기 때문이다. 연꽃은 지역에 따라, 그 자리에 따라 저마다의 다채로운 의미로 환영받았던 것이다.

상징으로 보더라도 여러 가지의 역할을 맡길 만한 저력이 있었다는 말이다. 물론 그럴 수 있다. 하지만 연꽃이 단순한 소재를 넘어, 하나의 주제로 거듭난 배경이 이런 '상징'만으로는 아무래도 부족해 보인다. 상징 자체의 힘이 약하다거나 그 상징을 이미지로 내세우기에 무리가 따른다거나, 그래서가 아니다. 요는, 상징만으로 묘실 벽화를 이끌어 가도 좋은가 하는, 그것이다. 연꽃이냐 백합이냐가 아닌, 상징이냐 구체적 묘주의 일생이냐를 선택해야 하는 문제를 풀어야 한다.

묘실을 연꽃으로 가득 채우던 그 시대에는, 어떻게 하면 더 잘 그려낼 수 있을까, 묘 주인의 내세를 위해 이것이 최고의 길이기를 바라는 마음으로 정성을 다했겠지만. 도대체 그 이유를 알 수 없는 우리는 어떻게 이런 무덤이 가능했을까, 그것이 더 궁금하다. 연꽃만으로 할 일을 다했다고 태연히 주장하는 그들에게 묻지 않을 수 없는 것이다. 무슨 일을 벌이자는 것인가.

'아름다운' 연꽃이 마음을 움직였는지도 모른다. 아름다움으로 승부

한다는 건, 이미지 최고의 꿈이 아닐까. 배경이나 맥락의 도움 없이 스스로의 힘으로 그 존재 가치를 인정받는다는 것. 이미지를 '예술'로 보고 있다면 크게 그르지 않은 생각이다. 하지만 이미지를 예술로 보기 시작한 건, 생각보다 그리 오랜 일이 아닐 수도 있다. 옛 무덤 속 벽화들 앞에서 우리는 그 시대 예술, 그 회화 수준의 모모함에 대해 이런저런 이야기를 주고받지만 이것 또한 우리 생각일 뿐일 수도 있다. 벽화들에게 묻는다. 그대의 존재 이유가 무엇인가. 혹, 아름다움이 그 이유는 아니었던가.

이 무슨 한가한 소리냐는 대답이 들리는 듯하다. 벽화의 기본을 돌아보라는 의미가 되겠는데 하긴 그렇다. 묘실 벽화의 중심이 기본적으로 서사성에 있었던 것은, 태생이 본시 그러했기 때문이다. 묘주의 빛나는 삶을 재현하고, 내세에서도 그러한 삶이 이어지기를 소망하는 것. 하여 벽면 곳곳에 펼쳐진 그림 속에는 이야기들이 가득하다. 사냥을 나가고, 연희를 베풀고, 귀한 손을 접대하는 등. 이런 벽화들은 '시간'으로 읽을 때 그 의미가 제대로 빛을 발하게 된다. 아무도 이의를 제기하지 않았다. 문제의 연꽃이 등장하기 전까지는.

벽화의 주제가 다른 길을 꿈꾸었을 때, 다시 말해 대단히 구체적인 사건들을 그리는 것에 조금 싫증을 느꼈을 때(또 다른 어떤 이유들도 물론 가능하다), 그때 생각한 것이 바로 무덤을 온통 장식문양으로만 그려 넣자는 것이었다. 그리고 많은 문양들 가운데 최우선으로 고려된 것이 연꽃이었다. '王' 자 문양이나, 귀갑문, 동심원도 등장한 예가 있으나 연꽃과는 비할 수 있는 정도가 아니었다. 앞서의 환문총처럼 큰 흐름으로 보자면 같은 길을 걷고 있기는 했지만(환문총이 선택한 '동심원' 또한 태양을 뜻하고 있으므로, 연꽃의 상징성과 겹치는 부분이 많다), 단연 두드러진 주연은 바로 연꽃이었던 것이다. 귀갑문 같은 경우는 그 귀갑문양 안에 다시 연꽃으로 채워지는 경우도 있었고. 꽤나 뜨거운 반응이다.

연꽃으로만 가득한 그 무덤들을 시간으로 읽을 수는 없다. 이야기적인 요소를 모두 생략해내면서도 '벽화'가 해야 할 일을 할 수 있었다는 생각. 놀랍지 않은가. 벽화의 역할에 대한 새로운 반응이다. 아니면, 혹 묘실 벽화로서의 역할을 잘못 이해한 것은 아닐까. 묘주의 허락을 받았는지도 궁금한 일이다.

묘실 벽화가 여느 그림들과 두드러지게 다른 점을 들자면 그림의 목적이 '감상'에 있지 않다는 것이다. 더 나은 '내용'을 채우려고 했을지언정 더 아름다운 '표현'에 무게 중심을 두지는 않았을 터. 그런데도 시간의 흐름과 함께 회화적 입장에서 그 표현이 점차 나아지고 있다면 시대의 전체적인 표현 수준의 향상이 반영된 결과라고 봐야 한다. 벽화를 그리는 화가들의 실력 자체가 높아진 것이지, 벽화의 목적이 달라진 것은 아니다. 어느 벽화라 하더라도, 일단 자신의 기본 임무를 잊어서는 안 된다.

'연꽃무덤'이 자신의 존재 이유를 몰랐던 것은 아니다. 이야기하는 방식이 달랐을 뿐이다. 한편으로 생각하자면 오히려 더 본질에 가까운 듯도 한데, 직설법은 부담스럽다, 는 것이다. 아니, 부담스럽다기보다는 낯

간지럽다고 해도 좋다. 구체적 장면이 놓여야 할 자리에 풍부한 해석을 담고 있는 상징적 이미지로 대체하였으니, 한층 세련된 대화법을 요구하고 있는 셈이다. 연꽃무덤은 묻는다. 주인공의 일생을 그려야 할 이유가 무엇인가. 내세에 대한 소망 때문이라면, 내게도 생각이 있다. 구구절절 사연들을 한마디 비유로 요약한 셈이다.

연꽃무덤의 탄생 배경에 대한 이야기를 풀자면 거의 소설이 되겠지만, 상식선에서 들여다보자면 오히려 쉽게 생각하게 된다. 이와 같은 장식무늬 무덤이 등장한 것은 대체적으로 5세기 중엽쯤으로 보고 있는데, 이정도 시기라면 묘실 벽화가 어느 정도 자리를 잡고 '고구려적'이라고 부를 만한 성격을 드러내는 때이다.

잘나간다 싶을 때쯤, 곁가지가 생기기 마련 아닌가. 태생에 대한 고민을 하기 시작했다는 건 이 장르의 줄기가 제법 단단해졌다는 뜻이다. 그리고 그 고민이 그럴싸한 열매를 맺었다는 건, 그것이 그저 하룻밤의 열정만은 아니었다는 뜻이기도 하다. 이건 분명 주류가 가는 길은 아니다. 무덤을 온통 연꽃으로 덮었다는 것은. 자신의 역할에 대한 책임감에서 좀 벗어나도 좋다고 생각했던, 주된 임무는 맏형에게 넘기고 조금 자유로운 길을 걷겠다는 막내의 선택 같은 벽화.

각각의 연꽃무덤을 꼼꼼히 살펴, 그에 맞는 심각한 의미를 붙이자면 그럴 수 없는 것은 아니다. 묘실 내부를 불교의 상징인 연꽃으로 채움으로써, 내세에 대한 기원을 담았다는 것이 이 소재를 종교적 내세관과 연결 지은 가장 일반적인 해석이 될 것이다. 실제로 장천1호분 같은 예로 보자면, 그 수많은 연꽃의 염원을 불교와 이어 생각하는 것이 당연할 것 같다.

이와 함께, 연꽃으로 무덤을 장엄하는 형식을, '왕실 신성화' 작업과 연결 지어 해석하는 예도 있다. 특히 (전)동명왕릉이나 미창구 장군묘처럼, 왕릉급인 무덤의 묘실이 연꽃으로 뒤덮여 있는 것에 대해 '왕이 곧 깨달은 자'임을 만천하에 전하고자 했던 국가적 사업의 일환이었다는 설명이다. 강대한 제국으로 거듭나고 있던 고구려의, 더욱 강력한 왕권이 요구되었을 5세기 초·중엽의 상황을 보더라도 수긍이 가는 대목이다. 이 해석을 전제로 생각해보자면 앞서의 몇 가지 의문점에 답이 보일 것도 같다.

당시의 지역적 유행과 관계없이 불쑥 평양에 지어진 연꽃무덤인 동명왕릉. 이런 이유였다면 그럴 수 있겠다. 게다가 5세기 초 평양 천도遷都의 앞뒤를 생각하자면, 더 그럴 수 있겠다. 그리고 빽빽하게, 마치 줄 세우듯 한 송이의 연꽃이라도 더 피우고자 했던 미창구 장군묘. 미적인 기능을 돌아보기보다는 그 소재 자체에 대해 과민했던 이유가, 이런 '목적' 때문이었다면, 이 무덤의 경우도 이해가 된다. 게다가 연꽃을 보좌하며 측실에 그려진 장식 벽화가 '王' 자문이었다는 사실을 떠올려보니, 화가의 부담을 충분히 수긍할 만하다.

그것이 불교적 염원이든, 왕권 강화를 위한 의식적 사업이든, 아니면 또 다른 무엇이든 연꽃은 그 자리에서 묵묵히 이 엄청난 상징을 온몸으로 지켜내고 있었다. 그런데, 여전히 궁금하다. 그 책임을 왜 꼭 집어 연꽃에게 맡긴 것일까.

이 부분에 이르러 보니 '상징'으로서의 자격을 두루 갖춘 연꽃이 지니는 '이미지'로서 매력을 그저 지나칠 수는 없을 것 같은데. 아직 한가하게 아름다움으로 승부하는 시대는 도래하지 않았을지 모르나, 분명 그 '아름다움'이 하나의 이유가 될 수 있다는 생각이 엿보이지 않는가 말이다. 아름다움의 힘을 너무 가벼이 여겨서는 안 된다. 아무리 의미와 상징이 중요한 세계라 해도 그렇다. 묘실을 온통 '불상'으로 채웠다고 상상해보라. 당신이라면 그 안에서 편히 쉴 수 있겠는가.

묘실을 연꽃만으로 채워 넣은 경우는 이미 연꽃이 어느 정도의 문양화가 이루어진 이후, 그 각각의 것들을 활용한 것이었다. 물론 '고구려 연꽃'이라고 한마디로 말하고는 있지만, 사실 연꽃의 활동영역이나 당시 문화의 이동경로 등을 생각해본다면 한 국가, 한 지역만의 독특한 양식이 오래도록 유지되기는 어려웠을 것이다.

5세기 중엽의 연꽃무덤들에 보이는 정면, 혹은 측면형의 연꽃들은 어느 한 무덤의 독특한 양식이 있는 것은 아니다. 그 시대에 유행하던 양식을 적절히 소화해서 그려 넣은 것으로서, 정면형으로 말하자면 잎의 개수가 많지 않은 소박한 형태들이다. 대체적으로 8엽 연꽃이 주를 이루며, (전)동명왕릉의 것은 이보다도 더 적은 6엽 연꽃이다. 크게 화려한 모양새는 아니지만, 꽃잎 끝을 뾰족하게 살려낸 것이 고구려 연꽃의 은근한 매력이다.

측면형의 연꽃은 주로 이 시기 집안 지역에서 많이 보이고 있으니, 정면형에 비해 시대와 지역의 특수성이 많이 반영된 셈이다. 옆에서 본 모습을, 마치 투시해서 그려 넣듯 겹쳐진 꽃잎과 잎맥, 수술까지도 모두 표현한 것이 독특하다. 이러한 측면형 연꽃은 연꽃무덤은 물론, 인물풍속 주제의 벽화들 사이에서도 자리에 크게 구애받지 않고 널리 그려지곤 했다. 다만 정면형보다는 단독성이 떨어지는 것이 사실인데, 아무래도 정면형 연꽃은 문양 자체가 대칭을 이루는 안정된 형태로서 활용도가 높았던 것이다.

5세기 연꽃무덤들 속의 연꽃 모습이 크게 다르지 않았다는 것은, 이미 그 이전에 연꽃 양식에 대해 어느 정도 정리가 이루어졌기 때문일 터. 역시 시작은 안악3호분으로 거슬러 올라간다. 357년의 안악3호분 안에 연꽃이 등장하는 대목은 이 소재의 성격에 대해 이런저런 생각을 더하게 만든다. 공식적으로 고구려에서 불교가 인정된 것은 372년의 일인데 357년에는 제법 '전형성'을 띤 연꽃이 그려졌던 것이다. 생각해보자면, 공식적 인정 이전에도 비공식적으로 불교가 이미 널리 퍼져 있었다는 의미인데, 이처럼 묘실 안 곳곳에 연꽃이 삽입된 것을 보면 그 바탕이 꽤 넓었음을 알 수 있다. 다른 식으로 생각해보는 것도 가능하다. 연꽃을 반드시 불교의 상징으로 받아들이지는 않았다는. 불교와 전혀 관계없는 동네에서도 이 멋진 소재는 '생명의 꽃'으로서 바쁜 시간을 보내고 있었기 때문이다. 우리가 연꽃을 반드시 어떤 '사상'과 연결 지어 살필 필요는 없을 것 같다. 경우에 따라서, 이런저런 상상과 함께 자유롭게 읽을 일이다.

안악3호분 천장석 연꽃 | 고구려 벽화고분의 천장석 벽화 가운데 최고의 인기를 누린 것이 바로 연꽃이다. 불교가 공식적으로 인정되기 이전인 357년의 안악3호분에도 이처럼 멋진 연꽃이 그려졌다.

연꽃의 무한 변신, 상징에서 문양까지

다시 그 산연화총을 생각해본다. 이처럼 연꽃만으로 묘실을 채워 넣은 무덤이 한두 기가 아닌 걸 보면, 이런 방식이 꽤 그럴듯하다고 받아들여진 것 같기는 하다. 다만, 오래 이어지지는 못했다. 어느 한순간, 불꽃처럼. 다 좋았지만, 정말 좋은 건 이 대목이다. 더 끌고 갈 수 없는 순간에 멈추어 서는 것. 연꽃무덤이 아름답게 기억되는 이유는 시든 모습을 보여주지 않았기 때문일 게다. 5세기 이야기 벽화들의 한가운데서 짧게, 그리고 아름답게. 끝을 알고 떠나는 길이 조금 쓸쓸하기는 하겠지만 이 정도에서 멈춘 것이, 모두에게 좋았다.

연꽃무덤이 왜, 그 이후로 이어지지 못했는지는 알 수 없다. 소재 하나로 버틴다는 것이 사실 매우 부담스러운, 무리가 가는 일이기도 했을 것이다. 게다가 연꽃무덤이 막을 내린 시대는 〈사신도〉가 점차 세력을 넓히며 네 벽면으로 내려오는 시기와도 대략적으로 맞아떨어지는데. 그렇다면 그 '상징성'의 주연이 바뀌어간 것은 아닐까.

하지만 연꽃만으로 보자면, 이처럼 마지막 순간의 주연으로 남지 못했다고 해서 크게 슬퍼할 일만도 아니었다. 이 소재는 상황에 적응하는 능력이 대단히 뛰어나, 어느 자리 어떤 모습으로도 변신을 거듭해가며 유연하게 대처했기 때문이다. 물론 5세기 중엽의 연꽃무덤 이전에도 연꽃은 할 일이 매우 많았지만, 빛나던 1인극의 시대 이후에도 더욱 홀가분하게 그 자유로운 행보를 이어가고 있었다. 천장석을 근사하게 장식하거나, 연못 속에서 화려하게 피어오르거나, 다른 소재와 짝을 이루며 새로운 장식문양으로 태어나거나. 그 다양함이라니, 일일이 말을 걸기가 어려울 정도다. 하나의 상징적 이미지가 그 무게를 벗고 미적인 기능으로 옮아가는 면에서 보더라도, 연꽃은 매우 흥미로운 사례라 할 만하다.

불교의 상징이라 부르든, 생명의 꽃이라 이름하든, 장식적인 문양으로 기억하든. 고구려 무덤 속의 벽화는 온통 연꽃의 아름다움으로 출렁인다.

여인은 색으로 이야기한다

벽화 속의 여인들

아름다움의 이유를 묻다
빨강, 권력의 아름다움
순백, 천상의 아름다움
풀빛, 그대로의 아름다움
아름다움에는 이유가 없다

아름다움의 이유를 묻다__

여인은 아름답다. 어린 소녀는 소녀대로, 성숙한 여인은 여인대로. 화려하게 치장한 귀부인이든, 그녀 곁에 다소곳이 선 어느 여인이든, 저마다의 매력을 간직하기 마련이다. 묘실 벽화에서 만난 여인들도 그랬다. 세상의 아름다움 가운데 고르고 골라, 영원히 남겨질 한 장면에 불려 온 그녀들. 색으로 말하자면 찬연한 빨강에서 순수로 빛나는 순백색, 여기에 푸른 풀빛을 닮은 이도 있다.

다채롭기 그지없는, 이 아름다운 빛깔들은 어디에서 오는가. 아름다움의 이유를 묻는 것처럼 허망한 일은 없을 터이지만 그래도 궁금한 우리, 조심스레 묻기로 한다. 아니, 아름다운 여인들에게 결례가 되지 않도록, 그녀들이 벽화에 등장한 그 이유에서 출발하는 것이 좋겠다.

빨강, 권력의 아름다움__

그녀는 당당하다. 한껏 화려하게, 격식을 갖춘 차림새다. 어디 차림새만 그러할 것인가. 턱끝을 살짝 들어 올렸다는 느낌을 받을 정도로 앉음새 또한 그렇다. 자신의 공간을 지배하는 이에게서 풍기는 그런 여유로움이다.

그럴 법도 하겠다. 그녀로 말하자면 안악3호분 묘실의 안주인. 이 거대한 규모의 무덤이 그들 부부를 위해 지어진 것이니 이 정도의 당당함이 오히려 자연스러운 일이다. 그뿐만이 아니다. 그녀 자신은 알지 못했겠지만, 고구려 벽화에 그려진 그 수많은 여인들 가운데 그 누구도 이처럼 자신의 모든 것을 온전히 보여줄 수 있는 행운을 얻지 못했다. 오직 안악3호분의 안주인만이 '여주인공'으로 불리기에 부족함 없는, 그 정도의 존재감을 과시하고 있는 것이다.

안주인이 모습을 드러낸 예가 물론 안악3호분만은 아니다. 부부 초상이나 생활 속 이런저런 장면 속에서, 우리와 만난 여주인만 해도 그 수가 결코 적지 않았다. 그렇지만 안악3호분의 그녀만큼 강렬한 색으로 자신을 표현한 여인은 없었다.

먼저 그녀 자신의 모습을 보자. 정면의 신상형神像形으로 그려진 묘주인과는 달리 살짝 몸을 튼 자세이다. 물론, 오른쪽 벽면에 그려진 남편을 바라보며 앉는다는 상황 설정 때문이겠으나, 회화적 효과로 보아도 오히려 득이 되었다. 얼굴선의 특징과 이목구비를 더 사실감 있게 보

안악3호분 묘주부인상 | 벽화 속 여인들 가운데 유일하게 자신만의 공간을 소유한 여주인이다.
당당한 그녀의 자태가 강렬한 붉은빛의 도움으로 한결 도드라진다.

여줄 수 있었으니까.

마음먹고 성장盛裝을 한 듯 풍성하고도 긴 겉옷을 여미어 입었는데, 붉은색을 주조로 하되 깃과 소매 단에는 녹색과 흰색으로 포인트를 주어 그 화려함이 남다르다. 옷감의 바탕 문양까지도 화사하게 살아 있다. 비단에 수를 놓듯, 화가는 그 문양들을 정성스레 그려나갔을 것이다. 머리 매무새 또한 공을 들여 단장한 흔적이 역력한데 풍성한 머리채를 높게 틀어 올려 붉은 끈으로 매듭을 지었다. 화장법도 그냥 지나칠 수 없다. 검게 그린 눈썹에, 선명하도록 붉은 연지를 칠한 그녀. 당시의 유행이었을까. 머리에서 두 볼을 타고 내려오는 나뭇잎 모양의 장식이 도드라진다. 어디 하나 허술함 없는 차림새다. 가히 묘실의 안주인으로서 완벽한 모습이라 할 만하다.

물론 안주인 혼자 덩그러니 앉아 있을 리 만무하다. 주인을 모시고 있는 시녀들 또한 단정하게 차려입고 머리를 틀어 올렸으며 붉은색 연지로 화장을 마무리했다. 시대가 시대인지라 주인에 비해 제법 작게 그려져 있는 것은 사실이지만 그 표정만큼은 위축된 흔적이 없다. 제자리를 지키고 선 이들에게서 느껴지는 여유로운 자신감이겠다. 여주인을 위한 배려는 여기에서 그치지 않는다. 그녀를 위해 둘러둔 화려한 장방. 연꽃과 붉은 끈으로 장식하고 휘장 위로는 화사한 문양을 새겨 넣기까지 했으니, 오히려 묘 주인의 것보다도 고급스러워 보인다. '여인'의 거처에 대한 세심한 대접이었을까.

이처럼 여러 시녀를 거느리고 아름다운 장방 안에 앉아 있는 그녀. 구조가 제법 복잡한 안악3호분, 서쪽 측실의 남쪽 벽면이 그녀의 공간이다. 당당한 자세에 어울리게, 이 벽면 또한 온전히 그녀 자신의 것이다. 이웃 무덤들의 안주인이 남편과 나란히 앉는 부부 초상의 형식으로 남은 것과는 달리, 357년 안악에서는 남과 여를 각기 다른 방에 모시는 방식을 선택한 덕이다(묘 주인은 부인의 오른편에 해당하는 서측실 서벽에 그려져 있다). 그렇다. 이 벽면의 모든 것은 그녀의 소유다. 고구려 벽화 속의 여느 여인네들이 보면, 참 복도 많다고 할 만하다. 대체 그녀가 누구이기에?

고대 사회에서 그녀는 누구인가, 라는 질문은 아버지는 누구인가, 혹은 남편은 누구인가로 닿게 되는데. 자리가 자리이니만큼 남편의 존재를 묻는 것이 옳겠다. 그 남편으로 말하자면 신분에 대해 참으로 많은 논란을 일으켰던 바로 그 화제의 주인공 아닌가. 고구려의 왕이다, 아니 중국계의 장수다, 아직 결론이 나지 않은 상황이니 그녀 또한 고구려의 왕비인지, 한 장수의 부인인지 명확하지 않다. 다만 무덤의 규모나 벽화의 내용 등, 안악3호분의 전반적인 배경으로 보자면 대단한 세력가의 아내였음은 분명한 일이다. 적어도 4세기 중엽 안악 지역에서 그녀보다 더 화려하게 차려입을 수 있는 여인은 없었을 터이니 그녀의 당당함은 기실, 이 '권력'에서 오는 것이라 해도 좋겠다.

그 당당함에 어느 정도 익숙해졌다면 이제 편안한 마음으로 그녀의 '아름다움'에 대해 이야기해보자. 그녀는 아름다운가? 외모로 보자면 여느 고구려 여인들과는 달리 제법 후덕하니, 조금은 지나치게 살이 오른 모습이다. 미인이라 말하기엔 선뜻 입이 떨어지지 않는다. 눈매도 입매도 일반적인 미인의 기준과는 거리가 느껴지는데. 그다지 여인으로서의 색태色態가 느껴지지 않는 그녀. 혹 그 시대의 기준은 지금과 달랐다는? 하지만 이웃 벽화 속 여인들의 면면을 보니, 당시 고구려에서도 안악3호 분 여주인의 외모가 그다지 환영받았을 것 같지는 않다.

그런데도 그녀가 뿜어내는 매력은 결코 만만치 않다. 아름다움이란 게 단지 이목구비의 빼어남으로 정리될 수는 없다는, 아주 오래된 진실을 증언하는 듯하다. 그녀의 '아름다움'은 타고난 겉모습에 기인한 것이 아니라 그녀 자신의 삶 속에서 다져진 자신감 넘치는 자세에 있는 것이다.

그럴 수 있다. 하지만 그렇더라도 말이다. 그녀를 좀 더 '예쁘게' 그리지 않은 이유는 무엇인가. 물론 외모를 '닮게' 그려야 한다는, 초상화에 주어진 의무가 화가를 압박하고 있었겠지만 대상을 살짝 미화한다고 해서 그가 책망받거나 할 분위기는 아니지 않겠는가. 그런데도 그는 외모의 미화 따위에는 전혀 신경을 쓰지 않았다. 무엇 때문에 그녀에게 이 벽면 하나를 온전히 내어주었는가를 알고 있었던 것이다.

그녀가 등장한 이유를 묻게 되는 부분이다. 당시의 묘실 벽화가 지향했던 지점. 4세기 중엽 고구려 묘실 벽화의 관심은 여주인의 미모 여부에 있지 않았다. 묘실에 그려진 초상화, 그것도 이처럼 '측실'이라는 별도의 공간을 마련하여 단독상으로 처리했다는 점을 생각해보라. 그녀는 이웃한 벽면에 자리한 남편과 함께 '모셔진' 것이다. 그렇다면 그녀가 어떻게 그려지는 것이 가장 '아름다운' 모습인가에 대한 답은 자명해진다. 이 장면이 추구하는 바는 바로 묘실의 안주인으로서, 그 공간의 지배자로서 그녀가 지녀야 할 '위엄'에 있다. 온통 붉은색으로 강렬하게 빛나는 권력의 아름다움이 어떠한 것인가를 보여준 여인. 그 주장은 그녀가 떠난 천 몇 백 년 후에도 여전히 유효하다.

순백, 천상의 아름다움

안악3호분 여주인의 아름다움은 이처럼 지극히 현실적인 원리 안에서 빛날 수 있는 것이다. 권력의 속성이 본디 그러하지 않던가. 붉게 타오르는 불길처럼 강렬하지만, 또한 허무할 만큼 한순간 바람에 시들어 버릴 수도 있다. 지상에 속한 것들의 운명이다. 그렇다면 이 붉디붉은 기운의 대척점에는 어떤 색이 물들고 있을까. 지상의 운명을 넘어선, 쉬이 꺼지지 않는 영원한 그 빛깔.

아무래도 색이라 말하기 어려운 그런 색이어야 옳겠다. 백白이거나 아니면 흑黑이거나. 하늘의 존재, 그것도 여인의 모습이라면 순백의 아름다움으로 이야기하면 좋을 것 같다. 안악2호분의 그 비천飛天을 만나려는 것이다.

우리가 보아온 묘실 벽화의 일반적인 법칙에 따르자면 비천이 등장해야 할 자리는 천장이다. 벽면을 지키는 인간사 이런저런 이야기들과는 좀 구별되어야 했으니까. 적절한 격리감이 서로에게 편했던 것도 사실이고. 하지만 어찌 된 까닭인지 안악2호분은 이 약속을 지키지 않았다. 반

장천1호분 전실 천장 비천상 | 전실 천장에 그려진 비천의 모습. 하늘 세계에 속한 비천은 이처럼 천장 벽화에 모습을 드러내는 것이 일반적이다.

대의 경우라면 또 모를까. 천상의 세계에 속한 이가 구태여 인간들의 이야기 사이로 내려온 까닭은 무엇인지. 게다가 그 자태를 보자니 여느 비천과는 달리 심상찮은 무언가가 있다. 이전의 비천들이 보여준, 그렇고 그런 모습의 연장선에 세울 수 없는 특별한 아름다움이다.

하늘을 날며 악기를 연주하는 주악비천奏樂飛天, 연꽃을 공양하는 공양비천供養飛天 등, 이 천상의 존재들은 초기 고구려 무덤에서부터 꾸준히, 그 천장 벽화 곳곳에서 만날 수 있다. 비천이라면 지상의 여인들이 지니지 못한 아름다운 존재로 그려져야 마땅할 것 같지만, 고구려 벽화가 증언하는 비천들의 계보를 보자면 꼭 그렇지는 않다. 아니, 전혀 그렇지 않았다. 불교적 색채가 두드러진 장천1호분 등을 예로 들자면 비천의 조건이 아름다움과는 무관하다는 사실을 새삼 확인하기에 이른다. 그들은 주어진 그 자리에서 내세의 복을 기원하는 종교적 역할에 충실하고 있을 뿐이다. 이것이 묘실 벽화가 요구한 비천이었다. 안악2호분 이전에도, 그리고 그 이후에도 그들은 대체적으로 비슷한 이미지를 고수하고 있다. 오직 안악2호분의 이 비천만이 앞뒤의 줄 서기에서 살짝 벗어난 '개별적' 존재로 등장한다. 무슨 연유인가.

안악2호분은 5세기 말~6세기 초로 편년되는 무덤이다. 벽화의 큰 주제로 보자면 이미 사신도가 제 목소리를 내는 시기의 것인데, 무덤의 구조 또한 양실분을 지나 단실분으로 넘어온 상태다. 그런데도 이 무덤은 이 시대 대부분의 단실분들과는 달리 새로운 주제인 사신도가 아닌, 인물풍속을 벽화의 주제로 삼고 있다. 대체적인 장면 구성 또한 앞 시대 양실분 인물풍속 벽화들과 유사하다. 몸은 날렵하게 변신했건만 어찌 마음은 옛 시절 그대로인 것인지. 발랄한 진 차림의 젊은이가 사서삼경 四書三經 읊조리는 모양새다. 굳이 그래야 했다면 그의 독특한 기호에는 무슨 피치 못할 이유라도 있었던 것일까.

이 아름다운 비천이 등장한 곳은 동벽 상단이다. 아래로는 인물들이 늘어서 있는데 아마도 공양 행렬인 듯하다. 비천들의 손에는 고운 꽃잎 활짝 피운 연꽃이 들려 있는데, 인물들 또한 유사한 모양의 꽃을 받쳐 든 자세로 그려져 있다. 그들은 '동일한' 사건에 함께하고 있었던 셈이다.

그렇다면 말이다. 이것이 바로 안악2호분의 비천이 여느 벽화와는 달리 지극히 인간적인 '아름다움'을 갖추고 있어도 좋을, 아니 갖추고 있으면 좋을 이유가 아니었을까. 벽면으로 내려와 인간들의 이야기 속에

안악2호분 현실 동벽 | 동벽 상단의 벽화 속에는 비천과 여인들이 연꽃을 받쳐 든 모습으로 함
께 등장한다. 비천이 천장에서 내려와 벽면의 인간들과 어우러져 공양 행렬을 이끌고 있다.

등장하는 만큼 그의 외모는 인간계의 누군가를 대하는 그런 시선으로 묘사되어야 했던 것이다. 아름다운 비천을 고민할 만한 순간이다.

하지만 지나치게 '여성적'인 매력을 강조하는 것도 곤란하다. 고구려 묘실 안에서만 보더라도 비천의 형상이 특별히 남과 여의 신체적인 특징을 강조하거나 하지는 않았다(비천은 남과 여를 아우르는 명칭이다). 여성을 염두에 두고 그렸다 해도 그렇다. 생사고락을 겪어나갈 생명체가 아닌 그에게 어떤 여인의 이미지를 덧입힌단 말인가. 영원히 시들지 않을 것 같은, 그런 신비로움을 간직한 존재가 아니던가.

하여, 탄생한 것이 바로 이 비천이다. 여성의 모습이되 어딘가 중성적인 시원함을 잃지 않은 아름다움. 순백의 순수함 그대로, 소녀의 형상으로 등장한 것이다. 그녀에게서 여성의 향이 물씬하지 않은 것은 향기가 부족했기 때문이 아니다. 순백의 취지에 따르고자 한 자연스런 결과이다. 현세적인 아름다움을 이야기하기 위해서가 아니라, 연꽃을 받쳐 든 비천으로 불려 나온 것이므로 더 이상의 고혹적인 자태는 난처한 자리가 된다.

물론 그렇게 조심했음에도 불구하고 그녀가 매우 사랑스러운 것 또한 사실이다. 이곳, 무표정으로 일관하는 것이 상례인 묘실 벽화에서 만난, 예기치 못한 그녀의 웃음. 분위기 파악이 안 되는 것일까. 아니, 순수한 소녀의 이 마음이 바로 그녀가 지닌 매력이다. 이처럼 연꽃을 들고 공양하는 인물들 속에 어울려 하늘을 나는 것이 행복하다는 듯, 그 기쁨을 나누고 싶다는 듯 그녀는 감정을 애써 가리거나 지우려고 하지 않는

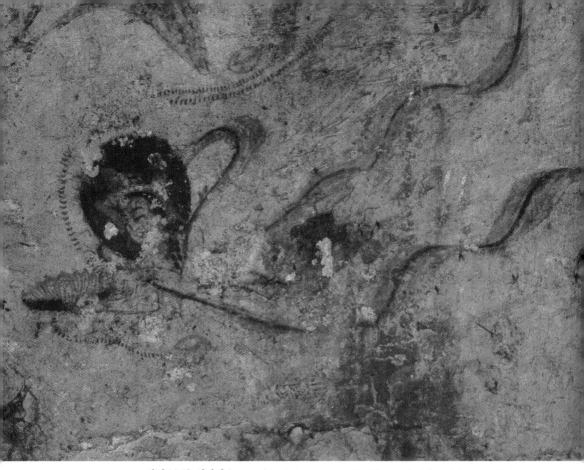

안악2호분 비천상 | 상큼한 미소녀의 모습으로 그려진 안악2호분의 비천. 그녀의 미소 또한 나부끼는 옷자락만큼이나 발랄하다.

다. 색으로 덧입힐 수 없는 대목 아닌가. 순백이라는 색조차도 거추장스럽게 느껴지는 무색의 이미지다.

상큼한 눈매에 붉은 입술을 살짝 열고 미소 짓는 그녀. 고구려 벽화 안의 그 어느 여인도 이처럼 선명한 웃음으로 자신의 느낌을 드러내 보이지 않았었다. 아이러니하게도 나이와 성별을 뛰어넘은 이 비천만이 유일하게 표정을 지닌 존재로 그려졌다. 천의天衣 자락도 자연스럽기 그지

없다. 날렵하게 바람을 타는 그 모양이며 색채가 가히 천상의 존재가 걸쳤음직한 그런 옷자락이다. 천의라 이름하기엔 무언가 부족했던 앞 시대, 번잡스럽기만 할 뿐 전혀 바람과 일체가 되지 못했던 뒷시대 비천들도 부러워했을 날개옷. 리듬감과 부피감을 어울러 표현해낸 화가의 솜씨가 만만치 않다.

이쯤에서 안악2호분의 벽화 전체를 둘러보게 된다. 비천이 등장한 동벽 이외에는 도대체 어떤 장면이 그려져 있는가. 남아 있는 벽면만 보더라도 이 묘실 벽화는 거의 '인물'에 중심을 두고 있음을 알 수 있다. 진행되고 있는 '사건'보다는 그 사건에 참가하는 '사람'에 더 관심이 있었다는 뜻이 아닌가.

비천에 대해, 바로 이 부분에 멈추어보자. 비천은 우리가 만나고 있는 동벽의 그들 이외에도 남벽 상단에서도 둘이 짝을 이뤄 등장한다. 역시 천장이 아닌 벽면으로 내려온 것이다. 그렇다면 천장은 무엇 때문에 비천에게 자리를 허락하지 않는 것일까. 안악2호분의 천장에는 온통 연꽃만이 가득하다. 천장석에서 중심을 잡고 활짝 피어 있는 그 꽃 말고도 천장받침 곳곳에, 이미 문양화가 상당히 진행된 형태로. 하늘 세계에 속한 모든 신선神仙과 신수神獸 들은 이곳, 안악2호분에서는 임시 휴업 상태다. 물론 묘실 벽화 전체의 분위기로 보자면 안악2호분은 사신도로 대변되는 도교보다는, 불교에 내세를 의탁하고 싶었던 무덤이다. 하지만 불교적 소재와 도교적 소재들이 서로의 존재를 묵인하고, 심지어는 어울리곤 했던 것이 고구려 하늘의 일반적인 풍경이었다. 사신도만으로 네 벽을 이야기했던 무덤에서도 그 천장에서만큼은 비천을 만날 수 있을 정도이다. 불교적 소재로만 일관하겠다는 결정은 매우 이례적인 일인데, 온 무덤을 연꽃으로만 가득 채웠던 5세기의 연꽃무덤 이외에는, 여간해서는 없던 결심이기도 하다.

그렇다고 안악2호분이 그 연꽃무덤들처럼 완전히 인간들의 이야기와 결별을 한, 그런 무덤은 아니지 않은가. 그런데도 연꽃에게 천장을 맡기기로 했다면 우리로선 그 결과를 지켜볼 수밖에 없다. 결국 비천들만이 지상으로 내려와 천상의 존재를 대표하고 있었던 것인데, 그렇다면 그들에게 요구된 것은 무엇보다도 인간 세상과의 친연성이 아니었을까. 천상의 존재라는 사실을 지나치게 의식하고 있다면 이 새로운 자리에 어울리지 않는다. 뭐랄까. 비천이 없더라도 전혀 어색할 일 없는 것이 안악2호분 묘실 벽화의 상황이다. 어차피 천장은 연꽃이, 벽면은 인간의 생활사로 나누어진 상태이므로. 오히려 비천이 '끼어든' 것 같은 모양새다.

조금은 민망한 입장일 수도 있다. 하필 이런 자리라니. 하지만 그녀의 얼굴에는 한 점 구김살이 없다. 활달하면서도 상냥하게, 연꽃을 든 채 인물들을 앞서 인도하고 있다. 이 정도라면 딱, 어울릴 것 같다. 인간과 '다른' 모습이 아니라 더 '멋진' 모습이라면. 이 장면에서 비천에게 기대되는 역할은 그런 것이다. 인간들의 공양 행렬을 이끌어 그들을 도와주라는. 그러면서도 지상의 여인들과 구별되는 무언가가 있어야 했을 터. 결국 안악2호분 동벽의 비천은 누구도 유혹할 수 없되, 모두에게 사랑받는 미소녀로 그려지게 되었다. 지상의 생사고락을 모두 알고 있어서는 곤란하다. 이처럼 그늘진 구석 없는 순백의 미소를 지을 수 없을 것이므로. 그것을 알지 못하는, 아니 그것들을 넘어선 자리에 그녀가 있다. 해맑은 미소 그대로, 그 순간 그대로 비천은 인간들의 이야기 속에서 행복하기만 하다.

풀빛, 그대로의 아름다움

그녀는 평범한 여인이었다. 거대한 묘실의 안주인도, 천상세계의 비천도 아니었다. 화려하게 치장한 여주인을 모시고 나선 여인들 가운데, 그것도 제일 뒷줄이 그녀에게 주어진 자리다. 반짝이는 장신구도 없이, 오색 비단 찰랑이는 색동 치마도 없이. 하지만 어인 연유인지 나의 눈길은 그녀를 향하게 된다. 아름다움은 덧붙이는 무언가로 완성될 수는 없는 것일까. 그녀, 수산리 벽화고분의 한 여인에게서는 소박하면서도 싱그러운 풀 향기가 느껴진다.

수산리 벽화고분은 앞서의 아름다운 비천이 등장했던 안악2호분과 마찬가지로 인물풍속이 그려진 단실분이다. 시기 또한 대략 5세기 후반에서 6세기 초로 비슷한데, 두 무덤 모두 '인물'에 중심을 두고 있어 벽화의 규모에 비해 등장하는 사람의 수가 많다. 대개 한 줄로 길게 늘어선 구성이 많은데 그런 만큼 인물들의 면면을 살피기도 아주 좋다. 여인들로 보자면 서로의 아름다움을 견주어 보듯, 그렇게.

문제의 이 장면 또한 그렇다. 현실 서벽에 그려진 이들은 그 내용으로 보자면, 한창 곡예를 펼치는 한 그룹과 이들의 연기를 관람하는 묘 주인 그룹으로 구성되어 있다. 우리가 이야기할 이들은 뒤쪽의 인물들인데, 무언가를 관람한다고 하기에는 상당히 불편한 자세를 보이고 있다. 그들은 묘주를 선두로 해서 한 줄로 길게 늘어서 있는 것이다. 이상한 자리 배치다. 목적이 관람이 아닌 다른 무언가에 있는 것처럼. 무슨 일인가. 일단 다시 여인에게로 눈을 돌려보자.

'일반적'이라거나 '보편적'이라는 말이 지니는 위험성을 알고 있음에도 어쩔 수 없이 쓰지 않으면 안 되는 자리가 있다. 그녀의 모습을 보면서 든 생각이 바로, 고구려 미인의 일반적인 모습이 대략 이 정도가 아니었을까 하는 것이었다. 그녀 앞쪽의 귀족 여인들이야 화려한 의상으로 자신을 드러낼 수 있었을 테니까.

앞서의 안악3호분 여주인의 경우, 그녀가 강한 이미지를 남긴 이유가 '미인의 전형'이었기 때문은 아니다. 그녀의 자리가 만들어준 무엇이었다. 안악2호분의 그 아리따운 비천이라면 어떤가. 이쪽 또한 전형적 아름다움을 이야기하기엔 좀 그렇다. 여인이라기보다는 세상의 굴곡진 사연들을 겪어보지 못했을 순수한 소녀의 모습이었다. 비천의 모델이 되었을 한 소녀가 여전히 '미인'으로 성장했을지, 어떨지에 대해선 자신이 없다. 순백은, 어떤 색으로 변해버릴지 아무도 알 수 없으므로.

일단 수산리의 그녀는 그 알쏭달쏭한 순백의 시절을 무사히 넘겼는

수산리 벽화고분 곡예관람도 | 현실 서벽에 그려진 묘주의 곡예 관람 장면이다. 묘주를 선두로 하여 아들, 부인과 여러 수행 인물들이 늘어선 구성인데, 여인들의 신분이 옷차림에 그대로 드러나 있다.

데, 그녀의 위치로 볼 때도 권력이라든가 하는 외적인 것들로 빛을 낼 수 있는 상황은 아니지 싶다. 그녀가 아름답다면, 그건 오로지 그녀 자신으로 말미암은 것이다.

먼저 이목구비를 살펴보자. 갸름한 듯 매끄러운 턱선. 너무 뾰족하니 박복해 보이지도 않거니와, 너무 둥글어서 두루뭉술해 뵈지도 않는 고운 선이다. 눈매도 반듯한데 특히 눈썹을 길게 그린 모습이 매력적이다. 다른 여인네들 또한 화장법이 비슷한 것을 보니, 당시의 유행이었던가 싶다. 입술과 볼에는 붉은 연지로 산뜻한 색감을 더했으니, 또렷한 이목구비를 강조한 선명한 이미지가 눈길을 끌었을 법한 얼굴이다. 과하지도 덜하지도 않은 새초롬한 아름다움인데, 산뜻한 화장에 어울리게 머리 또한 그저 단정하게 빗어 올린 것이 전부다. 다소 치장이 과하다 싶은 안악3호분 여인네들에 비하자면 차라리 수수한 정도의 단장이다.

옷차림은 어떤가. 나들이를 나선 여인에게 무엇을 어떻게 입는가 하는 점은 이래저래 신경 쓰이는 부분이다. 하지만 그녀가 선택할 수 있는 차림은 대단히 제한적일 수밖에 없다. 그 시대에 옷은 곧, 신분의 문제 아니었던가(하긴, 생각하기에 따라서는 지금도 여전히 그러하다). 그녀 앞에 줄지어 선 다른 여인들의 옷차림을 살펴보자니 애써 인물의 크기에 차이를 두지 않았더라도 그 신분의 상하가 너무도 분명하다. 그녀들이 가질 수 있는 '색色'의 수효가 달랐던 것이다. 원하는 색을 선택할 수 있는 권리는 그녀들의 신분과 비례한다는 이야기다.

장면에 등장하는 여인은 모두 7명. 양산을 받쳐주느라 여주인의 바로 뒤에 선 어린 시녀 이외에는 모두가 서열순으로 나란하다. 맨 앞의 묘주 부인은 여인들 가운데 가장 크게 그려졌다. 의복의 색감 또한 다채로워서, 깊고도 짙은 빛깔의 저고리는 깃과 끝단에 붉은색을 덧대어 한껏 멋을 내었다. 검은 비단 위로 문양까지 곱게 새겨져 있으니, 옷차림만으로도 다른 여인들의 부러움을 받았음직하다. 하지만 이 장면에서 여주인을 더욱 빛내주는 것은 바로 색색이 고운 색동으로 정성을 들여 지은 주름치마다. 붉은색, 흰색, 연두에 적갈색까지, 오직 여주인만을 위한 옷이다. 바로 뒤의 양산 소녀야 그 크기로 보나 행렬에서 맡은 역할로 보나(어떤 '일'을 하고 있는 유일한 인물이다) 낮은 신분의 시녀였을 터이니 특별한 옷차림을 갖추었을 리 만무하고.

묘주 부인 뒤의 두 여인은 인물의 크기나 저고리의 색으로 보아 귀족 신분인 듯하다. 혹, 묘주의 가족일 수도 있겠다. 한 여인은 여주인과 같은 배색의 저고리를 입었으며, 그 뒤에 선 여인은 검은빛과 붉은색을 반대로 조합하여 붉은 저고리에 검은 단을 대었다. 여주인과 마찬가지로 옷소매 속으로 손을 가리지 않고 가슴 앞으로 가지런히 모은 것으로 표현되었으니, 손을 내보여도 좋은 신분이라는 뜻이겠다. 하지만 치마는 여러 색을 사용하지 않은, 흰색의 주름치마다. 뒤를 따르는 여인들 모두 같은 모양의 치마를 입고 나선 것으로 보아 당시 여인들의 일반적인 나들이용 치마가 아니었나 싶다. 특별히 귀한 염료가 필요치 않았을 단색의 주름치마. 뭐, 그래도 저고리만큼은 짙은 색으로 멋을 부렸으니 이 정도라도 눈에 띄는 옷차림이었던 것만은 분명하다.

다시 그 뒤로 더 작게 그려진 한 여인. 박락이 심해서 저고리 배색의 이모저모를 말하기는 어렵지만 검은색과 붉은색이 남겨진 점으로 미루어, 대체적으로 앞서 여인들과 같은 계통의 저고리를 입었지 싶다. 색채는 같았으나 크기만 조금 작은 정도였으니 앞과 뒤를 잇는, 그런 역할로 그녀의 자리가 마련되었을 것이다.

그리고 제일 뒤쪽에 작게 그려진 두 여인. 우리가 주목하는 그녀는 그 가운데서도 뒤쪽에 서 있다. 두 손을 공손히 앞으로 모아 소매 안으로 가린 것이 윗사람을 모시는 이의 조심스런 몸가짐을 갖춘, 그런 자세다. 신분이 그러한지라 옷차림 또한 요란할 수 없겠다. 주름치마로 말하자면 여주인을 제외한 모든 여인들의 '평등한' 차림새였으니 섭섭할 것이 없지만. 저고리에 이르니 검고 붉은 색의 어울림이 뿜어내던 그 선명한 원색의 대비가 사라졌다. 그렇다고 그저 흰색의 밍밍한 차림이었던 것은 아니다. 별도의 장식문양이 보이지 않는 은근한 담홍빛. 옷깃과 소매, 그리고 진동의 끝단을 검게 두른, 담담하지만 윤곽만은 또렷하게 마무리한 저고리다. 자칫 심심해질 뻔했는데. 검정빛 하나로 저고리를 산뜻하게 정리해주는 동시에 치마 쪽의 흰색에 저고리 색이 대충 파묻히는 사태를 막아주고 있으니, 수수하면서도 센스 있는 색감 아닌가.

그녀가 원색을 소유하지 못한 것은 당시의 사회 질서에 순응한 결과이겠지만 현대적 색감으로 보자면 사실 이쪽의 세련미가 만만치 않다. 어지간한 미인이 아니고서는 소화할 수 없는 은은한 중간색의 아름다움. 오히려 화려한 치장을 피한, 이목구비 단정한 그녀에게 어울리는 차

수산리 벽화고분 묘주부인상 | 여인들 가운데 가장 화려한 차림을 한 묘주 부인. 수행 여인들과는 달리, 색색이 고운 색동 주름치마를 입고 있다.

림새다.

이 여러 명의 여인 가운데서도 유독 그녀가 눈에 들어온 이유가 바로 이것이었지 싶다. 그녀에게서는 낮은 곳에서 사각대는 풀빛의 싱싱함이 있다. 주연으로 빛나지는 않을지라도 제자리에서, 자신의 색에 충실한 있는 그대로의 아름다움. 많은 고구려 여인들이 그러했을, 좀처럼 흔들릴 것 같지 않은 보편적 아름다움. 결국 세월을 이기지 못하고 붉은 원색의 빛이 바랠지라도, 순백의 순수가 퇴색된다 할지라도 수산리에서 만난 한 여인의 함초롬한 매력은 어쩌지 못할 것 같다. 그녀의 아름다움은 그녀 자체였기 때문에.

하지만 아무래도 너무 곱게 그려진 것이 사실이다. 그다지 중요한 자리를 차지하지 못한 한 여인에게, 뒷자리에 조용히 선 한 여인에게, 반듯한 이목구비 하나하나 갖추어가며 그녀만의 표정을 살려준 화가의 마음. 어찌 이렇게까지?

역시 그녀의 존재 이유를 묻게 될 순간이다. 벽화에 등장하는 인물들에게 주어진 역할은 결국 하나의 점에서 만나기 마련이다. 더군다나 주인공이 아니라면 더욱 그렇다. 그들은 묘주 부부가 기억하고 싶은 삶의 한순간을 증언할 조연으로 불려 나온 것이다(때론 엑스트라일 수도 있다). 그들이 이 장면에서 일렬로 늘어선 것이 단지 가로 면을 길게 사용해야 했던 화면의 모양새나, 또는 화가의 기량 미숙 때문만은 아니었지 싶다. 인물들은 공연을 보기 위해서가 아니라, 공연을 보았던 그 '추억'을 보여주기 위해 등장했을 법하다. 그렇다 해도 여전히 문제는 이어진다. 주

수산리 벽화고분 여인상 | 묘주 부부를 수행하는 인물 가운데 가장 뒷줄에 선 여인이다. 또렷한
이목구비에 단정한 자태를 갖춘 고구려 미인의 전형으로 보인다.

인공의 주요 행사를 위해 모인 조연들이 자신의 이미지를 이렇듯 '명료하게' 드러내는 것은 금기일 수밖에 없는데. 화가는 그들에게 지나치게 관대한 것이 아닌가.

이 관대함 또한 화면 전체를 위한 선택이었다. 주인공만이 덩그러니 빛을 낸다면 더욱 민망한 일이 되고 말 터이니, 그럴 요량이었다면 애초에 1인극을 준비하는 편이 낫다. 고구려 벽화의 여러 이야기 가운데 '성공'했던 장면들이 취한 방식이 바로 이것이었다. 내 생각은 그렇다. 그녀, 일행의 제일 뒤에 선 그녀의 아름다움은 결국 그 그룹 전체의 수준을 좌우하는 기준이 되는 것이다. 익명성의 명목 아래 개성을 무참히 구겨 넣는 것은, 이 장면 전체를 그르치는 결과를 낳게 될 뿐이다. 물론 고구려 벽화만으로 보더라도 별다른 개성 없는 인물들을 늘어놓은 장면이 적지 않다. 허니, 그 많은 벽화 속의 '인물의 행렬' 가운데 수산리의 서벽, 이 인물들이 또렷이 기억되는 것은 어쩌면 당연한 결과이지 싶다.

사회의 법칙 아래 그 크기와 순서가 정연할지언정, 화가는 매우 솔직하게 그 '인물'의 어떠함을 재현하고 있다. 성장을 한 채 여인들 제일 앞에 당당히 선 여주인이라 해서 일행의 끝자락에 선 그녀보다 더 아름답게 묘사되지는 않았던 것이다. 붉은 꽃 한 송이가 더욱 빛날 수 있는 자리는, 풀잎들 또한 그처럼 푸른색으로 싱그러운 곳이어야 한다는 뜻이겠다. 조연은 조연대로 그만의 아름다움이 있다는, 있어야 한다는 이야기로 들린다.

아름다움에는 이유가 없다_

아름다운 여인을 바라보는 시간은 행복하다. 그 여인의 아름다움이 자신만의 색으로 빛나는, 그런 멋진 장면을 마주할 때의 안도감. 미인이 망가지는 건 우리 모두 원치 않는 일인데, 고구려 묘실 안에서도 그 마음은 다르지 않았었나 보다. 여인들은 시대에 따라, 상황에 따라 저마다의 개성으로 아름다움을 겨루는 중이다.

하지만 그녀 가운데 누구도 주인의 권리를 가지고 있지는 못하다. 고대의 무덤 벽화에서 여인이 '주인'이기는 어려운 일이다. 아무리 주연급으로 등장한다 해도 '여' 주인공이다. 묘주의 '부인'이 최고의 자리였으니까. 하지만 엄정한 묘실의 법칙에서 슬쩍 벗어나 그저 회화의 아름다움에 대해 이야기해보면 어떤가.

그녀, 비록 묘실의 주인은 아니었으되 화면의 주인공이 되는 데는 아무 문제될 것이 없다. 아름다움에 꼭 이유가 있어야 되는 건 아닐 테니까. 그저 마음이, 눈길이 끌리는 이가 있는 법이니까. 고구려 벽화 속에서 만난 그녀들에게 내 마음을 전해주고 싶다. 묘실이 그대의 이름에 관심을 기울이지 않았을지라도 그대, 이 화면의 아름다운 주인공이라고.

산악을 달리다

수렵도

사냥하는 사내들_

　사내라면 말을 달리고 활을 쏘아야 한다. 고구려인들에게 그것은 의무이자 오락이며, 자신의 사내다움을 증명할 절호의 기회이기도 했다. 어찌 마다할 것인가. 그 가운데 누군가는 빼어난 사냥 솜씨로 뭇사람의 시선을 한 몸에 받았으리니, 이 근사했던 시간을 모두가 영원히 기억해 주었으면 했다. 무덤 벽화 안에 펼쳐질 그의 일대기에는 의당 사냥 장면이 등장해야만 할 것이다.

수렵도의 기본 공식, 하나 둘 셋_

　그래서일까. 인물풍속을 주된 화제로 삼는 4~5세기의 묘실 벽화들 가운데 가장 많이 그려진 장면이 바로 이 사냥의 순간을 담아낸 〈수렵도〉이다. 무덤 속의 벽화라면 주인공의 일생 가운데서도 좀 내세우고 싶은, 그런 폼 나는 장면들로 구성하기 마련인데. 수렵도가 유독 사랑받았다는 것은 무슨 이야기인가. 그대로이다. 이 장면을 넣지 않으면 아무래도 그의 삶이 완전해지지 않는다고 생각했다는 이야기다. 그만큼 그들의 생활 속에서 큰 자리를 차지했다는 뜻이기도 하다.

묘실 안에 수렵도가 그려진 무덤은 대략 10여 기쯤으로 보이는데, 벽화의 훼손 정도를 감안한다면 실제로는 보다 많은 무덤에 그려졌을 것이다. 무덤의 면면을 보아도 그렇다. 어느 한 시기의, 특정한 구조의 무덤에서만 선호된 화제畫題가 아니다. 초기의 벽화고분으로 분류되는 감신총에 이미 수렵도가 남아 있는 것을 보면 이 주제가 꽤나 일찍부터 그려졌음을 알 수 있다. 그 감신총에서 주인공의 정면 초상화가 버젓이 무덤을 지키는 덕흥리 벽화고분을 거쳐, 이미 사신四神이 네 벽을 지키는 수렵총에 이르기까지. 그 역사의 부피가 상당하다. 이 정도가 되면 분류해서 살펴본다는 기분으로 대할 만하다.

수렵도만으로 따질 때 전성기라 말할 수 있는 건 역시 무용총의 수렵도다. 무덤 안에 그려진 벽화들 가운데 단일 장면으로는 가장 유명하지 않을까 싶을 만큼의 인기 스타. 이 수렵도를 정점에 놓고 생각해보면, 그 변해가는 과정이 제법 흥미롭다. 사실 꽤 오랫동안 많은 무덤에서 그려졌다고는 하지만 주요 소재의 '도상'이라는 면에서 살핀다면 그렇게 많이 달라진 것은 없다. 묘실 벽화라는 기본적인 성격 때문인데, 화가의 입장에서 도상을 따라 그린다면 편한 면이 있는 것이 사실이다. 그다지 창조적이지 않은 이들에게는 더욱 반가운 일일 수도 있겠다. 하긴, 묘실 벽화의 관건이 화가의 창조성에 있는 건 아니니까.

수렵도란 무엇인가. 말 그대로 사냥을 하는 장면을 담은 그림이다. 전제 조건, 즉 빠져서는 안 될 소재들을 떠올려보자. 일단 사냥에 나선 인물이 있어야겠다. 주인공 혼자일 수도 있겠지만, 아무래도 여러 명을 그려 넣는 것이 주제를 살리는 데 어울릴 것이고. 그는 어떤 모습으로 등장하는 것이 좋겠는가. 고구려인들이 생각한 사냥은 말을 달리며 활을 쏘는 것이 표준이었던 듯, 말에 올라탄 그들은 하나같이 활시위를 당기는 모습이다. 말 또한 예사롭지는 않다. 사실 인물들의 사냥 실력이 좋았다면, 그 공의 절반은 그와 호흡을 맞춘 자신의 애마에게 돌려야 하지 않을까. 사냥터를 누비는 말들을 보자면 날아오르듯, 네 다리를 훨씬 펴고 속도를 내고 있는 중이다. 쫓는 자가 있으면 쫓기는 자도 있어야 할 것인즉, 기마궁수들에게 쫓길 운명에 처한 동물들도 필수적인 소재이다. 사슴과 멧돼지, 그리고 호랑이까지.

그리고 가장 중요한 것 하나. 그저 사냥을 연습하는 장면이 아닌 이상, 사람과 동물들이 함께 달릴 수 있는 넓은 배경이 필요해졌다. 산이나 언덕 같은. 혹 우리 눈에 몹시 소박한 형태로 표현되었다 하더라도 그것 자체가 크게 문제될 것은 없다. 문제는 '배경'을 그린다는 사실, 그 자체이다. 고구려 무덤을 둘러볼 때, 인물과 풍속을 담아낸 4, 5세기의 벽화 가운데 이처럼 배경을 의식해서 그린 화제는 수렵도뿐이라고 말해도 좋을 정도이다. 물론 배경이라고 부를 만한 장소들이 전혀 그려지지 않은 것은 아니다. 화려한 장방이라든가 외양간, 우물터 등이 그것인데 이 경우는 사실 이 소재(우물, 부뚜막 등등의)를 그림으로써 '장소'를 나타내고 있을 뿐이다. 즉 어떤 사건이 벌어지는 배경이라기보다는, 그 소재 자체가 지닌 목적을 표현한 것에 가깝다는 뜻이다. 수렵도에서 배경을 갖춘다는 사실은 이처럼 어떤 구체적인 장소를 나타내는 것과는 다른 차원에서 생각해보아야 하지 않을까.

수렵도가 몇 개의 기본적인 소재를 가지고 무덤마다 각기 다른 '구성'을 보여줄 수 있었던 건 이 '배경'에 대한 입장이 달랐기 때문일 것이다. 같지만, 그러나 같지 않은 화면들. 흥미로운 변주곡이다. 결국 수렵도를 그리는, 혹은 읽는 키워드는 두 가지로 압축된다 하겠다. 배경과 속도감. 다시 말해 이 사건의 '현장성'이 포인트인 셈이다. 물론 수렵도가 아니더라도 인물풍속을 내세웠다면 당연히 현장성이 중요한 문제가 될 것이다. 하지만 여느 벽화의 장면들이 '재현'에 중심을 두었다면, 수렵도는 '생생한' 재현까지 고민하게 되었다고나 할까. 말처럼 쉬운 문제가 아니다. 당시의 회화적 수준을 생각한다면 더욱 그러하다. 흔히 이야기하는 '고졸하다'는 표현을 좀 더 솔직한 어법으로 풀자면 아직은 '어리숙하다'는 의미가 된다. 이것은 시대의 회화적 고민이니 우리 생각처럼 간단히 계산할 문제는 아닌 것이다.

생생한 재현이란, 과거의 체험을 환기시키는 힘이다. 사실적인 표현력이 뒷받침된다면야 좋겠지만 그렇지 않다 해도 반드시 실패하거나 하지는 않는다. 적어도 그 체험을 공유한 사람들 사이에서는. 완벽한 재현이 아니더라도, 그 순간을 상징하는 소재들이 제 역할에 충실해주기만 해도, 충분히 아름다운 추억 속으로 들어가 그 이야기에 동참할 수 있는 것이다. 그 소재들을 어떻게 엮어낼 것인가. 결국 구성의 문제로 돌아왔다.

소재를 길게 나열하다

가장 간단하게 생각한 경우가 되겠다. 소재들을 일렬로 펼쳐 보이는 것이다. 기마궁수와 도망치는 동물들, 그리고 그들 주변으로 나무나 산을 적절히 그려 넣는 방법인데 수렵도 가운데 비교적 이른 시기의 것들에서 살펴볼 수 있다. 감신총이나 덕흥리 벽화고분의 수렵도가 대체적으로 이러한 유형을 보인다.

감신총은 전실 옆으로 아직 작은 감실이 남아 있는, 대략 4세기 말~5세기 초에 축조된 무덤이다. 벽화의 수준 또한 고식적古式的인 표현 단계를 넘어서지 못한 것이 사실이고. 수렵도는 현실 서벽에 그려졌는데 대단한 규모의 사냥 행사는 아니었던 듯 단출한 구성을 보인다.

등장인물은 두 사람. 말을 타고 활을 당기는, 전형적인 수렵도 인물의 모습 그대로다. 그들에게 쫓기는 동물들과 여기저기 흩어져 있는 나무들까지, 일단 수렵도가 갖추어야 할 기본적인 소재들은 모두 등장시킨 셈이다. 이 정도가 기본이라고 이야기를 시작하는 것처럼 보이는데,

감신총 수렵도(모사도) | 가장 초보적인 수렵도의 양식을 보여준다. 간략하게 그려진 나무들 사이로 말을 탄 두 인물이 활시위를 겨누고 있다.

실제로 이 소재들은 어떤 특별한 의도를 가지고 '구성'되지는 않았던 듯하다. 우리 지금 사냥하는 중이야라는, 솔직하게 주제를 알려주는 그런 정도라고나 할까.

그런데 이렇게 단순한 구성 가운데서도 잊지 않고 화면 사이사이에 나무들을 세워놓은 것이 눈에 띈다. 그다지 나무처럼 보이지 않는다는 불평이 나올 수도 있겠다. 그래도 이건, 현장감을 살리고자 애썼던 화가의 심정이 담겨 있는 표현이다. 천 몇 백 년 전, 주변의 풍경을 화면으로 옮기는 일은 생각보다 쉽지 않았던 것이다. 사실적 재현에 그다지 애를 쓰지 않았던 것 같기도 하다. 그냥, 배경이었으니까.

내려 잡아도 5세기 초를 넘지 않을 이 무덤의 시대를 떠올리자면 그렇다. 중국 쪽을 살펴보더라도 4, 5세기에 나무를 사실적으로 그럴싸하게 그려낼 수 있는 화가가 등장하지는 않았다. 감신총의 화가에게 표현의 미숙함을 따질 계제는 아닌 것이다. 비교적 사실적 표현에 가까운 것은 힘차게 달리고 있는 말의 모습이다. 나무와는 비교할 수 없을 정도의 표현력으로, 도망치는 맹수에 비해서도 매우 잘 그려졌다. 화가의 시선이 사냥하는 주체에 중심을 두었기 때문일까. 무덤 벽화가 할 일이란, 주인공의 행적을 기록하는 것이 우선이니 그 임무에 충실했다고 해도 좋겠다.

408년, 또 하나의 수렵도를 구상하던 덕흥리의 화가도 소재를 '나열한다'는 기본 자체를 다르게 생각하지는 않았다. 그런데도 화면에서 제법 수렵도다운 무게가 느껴지는 건 아무래도 그 규모 때문이다. 달랑

두 사람이 등장했던 감신총의 수렵도가 한가로운 사냥 놀이에 가깝게 보였던 것과는 달리, 무언가 긴장감 넘치는 사건이 진행된다는 느낌.

소재의 성격으로 보자면 무엇보다도 배경이 근본적으로 달라졌다. 나무만 늘어세우지 않고, 산과 나무를 함께 그려 넣었던 것. 그렇다고 뭐, 그리 거대한 산수의 모습이 등장했느냐 하면 물론 그렇지는 않다. 산이라고 해야 인물보다도 크지 않은 규모이니 화면에서 그다지 많은 자리를 요구하는 것도 아니고. 그런데 이 정도를 가지고 근본을 운운한다?

요는 크기가 아니라 시점의 문제다. 그 산을 상형자 그대로의 '山'처럼 그려낼 수 있다는 건 그 산의 세 봉우리를 조감할 수 있었다는 뜻이니까. 지척이 아닌, 제법 먼 곳에서. 적어도 그 정도의 거리에서 본, 그만큼의 공간을 담아내겠다는 의지인 거다. 사냥터의 규모를 짐작할 만하지 않은가. 그 봉우리 사이사이로 힘차게 말을 달리며 짐승을 쫓고 명중의 순간, 터져 나오는 함성으로 온 산이 함께 달아오르는, 그런 하루가 충분히 펼쳐질 만한 공간. 화가에게 있어 이 너무도 초보적인 산의 표현은, 의미의 무게로 보자면 대단히 심각한 문제였던 것이다.

인물들 쪽은 어떠한가. 여러 인물이 등장하는 만큼 그들의 자세도 제각각이다. 앞서 달리는 산짐승 뒤에서 활을 겨누는 이, 내달리는 말 위에서 몸을 뒤로 돌려 멋지게 목표물을 겨냥하는 이(일명 파르티안 사법射法으로 불린다), 사나운 맹수를 사이에 두고 양공 작전을 펼치는 이들까지. 사냥터를 누비는 여덟 명의 사나이들이 길게 이어지고 있다.

덕흥리 벽화고분 수렵도 | 등장인물이 제법 늘어나 수렵 행렬이 길게 늘어서 있다. 여느 수렵도
와는 달리 천장 벽화로 그려진 점이 색다르다.

길게 이어져 있다고? 그렇다. 일렬로 펼치다 보니, 어느 정도의 규모를 내세우려면 이처럼 길게 이어 그릴 수밖에 없다. 하지만 주인공의 수많은 '기념적' 생애가 담겨야 할 무덤 안에서 혼자 과욕을 부려서는 안 될 말이다. 하나의 화제가 요구할 수 있는 화면의 크기에는 한계가 있을 것인데, 게다가 수렵도는 사랑받은 주제였을 뿐 중심 화제는 아니었다. 묘주의 초상이나 행렬도처럼, 그의 권위를 한껏 내세워줄 그런 주연은 아니었다는 이야기다.

그래서 흥미롭다. 이 장면이 그려진 화면의 위치. 벽면이 아닌, 천장으로 올라간 것이다. 짐짓 시치미를 떼고 천장 벽화 사이로 슬쩍 끼어들어간 것도 예사롭지 않은데 그것도 천장의 한 면도 아닌, 무려 세 면에 걸쳐져 있다. 전실 천장의 하단, 남벽에서 동벽을 거쳐 북벽의 일부에 이르기까지. 어지간한 배짱으론 버틸 수 없는 일이니, 이곳은 수렵도가 쉬이 들어설 만한 곳이 못 된다. 묘실 천장으로 말하자면 인간사 이런저런 이야기들에게 열려 있는 공간이 아니다. 이곳에는 하늘의 세계를 담아내자는 것이 묘실 벽화의 기본적인 약속이었다. 선인仙人이나 옥녀玉女라든가, 아니면 전설 속의 상서로운 상징들, 그리고 해와 달을 비롯한 하늘의 별자리들까지. 여기에 수렵도가 들어선다는 건, 이들 하늘 세계의 존재들이 조금 당황할 법한 상황이 된다.

그런데도 그 어색함을 무릅쓰고 천장까지 올라간 것은 달리 방도가 없었기 때문일 터이다. 화가에게 주어진 문제는 그것이었다. 수렵도를 그려 넣어야 한다. 그런데 전실이나 현실 벽면에는 남은 자리가 없다. 화가의 선택은 우리가 알고 있는 그대로인데 그 결과는? 다행히, 천장 벽화들 사이로 큰 무리 없이 스며들 수 있었다. 위계질서의 엄중함으로 따지자면 누구에게도 뒤지지 않는 것이 묘실 벽화의 법칙이거늘, 어찌 이런 일이.

천장에 불쑥 등장한 수렵도가 그다지 큰 이질감 없이 어우러질 수 있었던 것은, 기본적으로 이 덕흥리 천장 벽화 자체의 성격 때문이다. 덕흥리의 벽화를 보면 그런 생각이 든다. 좋게 말하면 정보가 많고, 터놓고 말하자면 상당히 수다스럽다. 묘 주인에 대한 상세한 묘지명墓誌銘은 말할 것도 없거니와 그 외에도 여러 인물들의 직위까지 구구절절 밝혀놓는 등. 천장 벽화에 이르러서도 그 성격은 변하지 않은 듯, 여러 신수神獸와 신선들의 이름까지 적어 넣는 친절함을 보인다. 그래서일까. 덕흥리의 천장은 우리가 딛고 선 지상의 세계와 크게 다를 것이 없다는 느낌이다. 심지어 설화 속의 인물인 견우와 직녀까지 등장한다(그것도 수렵도 바로 옆에 그려져 있다). 하늘 세계를 그려냈다고는 하지만, 이 무덤의 천장은 그리 '신성한' 분위기로 승부하지는 않았던 것이다.

일단은 수렵도가 끼어들 여지가 있었다는 이야기인데, 그렇다면 남은 문제는 방법적인 부분이다. 수렵도를 어떻게 배치하면 좋겠는가. 화면 점유 방식을 고민해야 할 순간. 천장 벽화 속으로 '끼어든' 자신의 입장을 잘 알고 있었던 덕흥리의 수렵도는, 지나친 면적을 요구하지 않기로 했다. 천장 하단에 길게 이어 그린다는 즉, '면'이 아닌 '길이'에 중심을 둔 화면 전개로 이 어려운 상황에 잘 적응한 것처럼 보인다. 천장 벽화 입장에서 보자면 그저 화면 하단에 가지런한 수렵도가 그리 부담스런 존재는 아니었을 것이다. 그 내용 또한 산악을 배경으로 경쾌하게 말을 달리는 모습이어서, 천상의 존재들이 떠도는 천장 분위기에도 그리 어긋나지 않는다(엄숙하게 앉아 있는 묘주의 초상이나, 중무장한 군사들로 권위를 앞세운 행렬도라면, 제아무리 화면이 부족한 상황이었다 해도 천장으로 올라올 수는 없었을 것이다). 수렵도 자신의 입장에서도 이러한 화면 구성은 꽤나 규모 있게 진행되는 사냥 장면 표현에 잘 들어맞는 방식이었다. 군데군데 솟아오른 산악 사이로 앞뒤를 다투어가며 질주하는 사람, 그리고 동물들. 천장 벽화 속의 수렵도라니, 마치 공중을 나는 듯 그런 느낌으로 그려나가지 않았을까.

공간의 깊이를 고민하다

덕흥리 수렵도에서 등장인물이 여덟보다 좀 더 많았다면 화가는 어떤 방법을 선택했을까. 다른 구성을 생각했을까. 그렇지는 않았을 것 같다. 아마도 천장 북벽 일부에서 멈춘 수렵도를 조금 더 연장해나가는 길을 택했을 터이다. 인원수는 소재의 구성 방식에 결정적인 이유가 되지는 못한다.

구성을 달리 가져가려면 공간에 대한 시각 자체를 바꾸지 않으면 안 된다. 이 새로운 유형의 수렵도들은 다른 이야기들과 섞여가기를 원치 않았다. 독자적인 화면을 요구하는 시대가 된 것이다. 단순히 길이를 늘

약수리 벽화고분 수렵도 | 대규모의 사냥 행사가 열린 듯하다. 멀리서 조감한 산악이 펼쳐지고
그 사이사이로 인물과 짐승들의 움직임이 활발하다.

이는 것이 아닌 다른 무엇이 필요할 때, 화가는 장면의 깊이감을 생각했다. 일렬로 늘어서 있던 소재들이 다열로 헤쳐 모인 상황. 화가는 좌우와 전후의 관계를 모두 의식하고 있었던 것이다.

이처럼 화면을 전혀 다른 시각으로 마주해야 한다는 건, 5세기의 화가에게는 쉬운 대응이 아니었다. 옆으로 길쭉한 직사각형의 일부분을 잘라 정사각형으로 만드는 방식인데, 인물이나 배경이 어색하게 엉키지 않도록 신경 써야 할 것은 물론이다. 대체적으로 5세기의 무용총, 약수리 벽화고분, 장천1호분 등의 수렵도가 이러한 구성을 보인다.

사냥의 규모나 등장인물의 수로 보자면 약수리의 수렵도가 단연 두드러진다. 전실 서벽에 자리한 이 수렵도는 말을 달리며 짐승을 쫓는 궁수들은 물론, 이들의 사냥을 돕는 몰이꾼까지 가세하고 있는 대규모의 행사로 그려졌다. 배경이라 할 산악의 표현도 덕흥리의 것에 비하면 사뭇 달라진 모습이다. 덕흥리 쪽이 '山'의 형상을 재현하는 데 중심을 두었다면, 약수리는 그 산들의 원근감을 고민했다고나 할까. 개별적인 산들을 인물 사이사이에 나란히 늘어놓는 것이 아니라, 그 산과 산 사이의 조화까지 생각했던 것이다. 마치 동심원을 반으로 잘라 엎어놓은 듯, 색 띠를 둘러놓은 듯, 산의 주름이 서로 다른 색채로 표현되어 있다. 황색과 적갈색의 차분한 조화로움.

이 수렵도에서 재미난 부분은 바로 여기다. 산들이 그저 무심한 배경으로 서 있기를 거부하고 있지 않은가 말이다. 약수리의 산들은 살아 있는 생명체들의 행위가 직접 이루어지는 실질적인 공간으로 등장한다.

이제 사냥의 장면을 구성한 요소들은 긴밀한 상관관계를 이루며 하나의 화면을 연출하는 데 저마다의 고유한 역할을 부여받고 있는 것이다. 상황인즉 이렇다. 저 멀리 산줄기 뒤로는 몰이꾼으로 보이는 이들이 둘러서 있고, 이들에게 내몰린 짐승들이 가파른 산을 타고 내리닫는 중이다. 그 아래로는 짐승들을 뒤쫓는 기마궁수들의 움직임이 활발하다. 더하여, 이들의 기운을 북돋기 위해 그 맞은편으로는 뿔나팔을 부는 악대까지 동원되었다. 그럴듯한 풍경이 아닐 수 없다. 화면의 구성으로 보아도 먼 곳에 자리한 산악은 화면 위쪽에, 가까이 보이는 인물들은 아래쪽에 그려져 있다. 원상근하遠上近下의 방법으로 소재들을 적절한 자리에 배치해놓은 것이, 우리의 눈에도 제법 그럴듯하다.

잘 그렸다고 말하는 건 아무리 시대를 감안한다 해도 좀 멋쩍다. 묘사 기량으로 말하자면 오히려 덕흥리 쪽이 나은 편이다. 하지만 넓게 주어진 화면을 이 하나의 주제로 이야기해야 할 상황에서, 이 정도의 구성이라면 그날의 분위기를 전하기에 하등의 부족함이 없지 않겠는가. 약수리의 수렵도는 회화로서의 아름다움이 아닌, 소재들 사이의 새로운 관계 형성에 무게를 두고 읽어야지 싶다.

아쉬움이 남는다 해도, 상대는 5세기의 무덤 벽화다. 화가의 목적이 '작품성'에 있었을 리 만무한 이 상황에서 아름다움을 논하는 건 다소 무리한 요구일 터. 벽화를 보는 눈에 너무 힘주지 말자. 아름다움이 어디 그리 쉬운 말이던가.

하지만 무용총의 수렵도 정도라면? 물론, 세련되거나 화려한 멋과는

거리가 있으나 단순하면서도 활기차고, 어딘가 현대적인 미감까지 배어
나는 특별한 멋이 있는 그림이다. 산세나 맹수들의 형상으로 보자면 '표
현력'이 가야 할 길이 아직 멀어 보이기만 하는데도 무언가 새로운 아름
다움이 느껴진다. 시대를 넘어서는 이 아름다움에 대해 그들, 묘실 주인
들의 생각을 듣고 싶다. 당신이라면 이들 수렵도 가운데 어느 곳의 주인
공으로 등장하고 싶은가. 대단히 특별한 목적을 위해 제작된 묘실 벽화
의 성격을 염두에 둔다면, 무엇보다 묘주의 의견이 중요할 것인데. 내게
묻는다면, 당연히 무용총을 택하고 싶다. 그 가운데서도 붉은빛 윗옷을
입은 그 사내로 그려지면 더 이상 바랄 것이 없겠다.

　무용총 수렵도가 주는 감동이랄까, 그와 유사한 느낌은 바로 여기에
있다. 인물의 감정 이입. 흔히 생동감이라 부르는 그것에 대한 이야기를
하려는 것이다. 생동감이 사실성과 비례한다고는 생각하지 말아달라.
생동감이란 숙련된 기법보다는 오히려 정서적인 부분에 더 깊이 관련되
는 표현이다. 고구려식의 인물풍속 벽화가 절정에 달한 시점에 나온 것
이라고 평가되는 이 무용총의 수렵도는 양실분으로 지어진 무덤의 현실
서벽에 그려져 있다.

　배경으로 등장한 산악은 그 표현 그대로도 매우 멋스럽다. 이처럼 세
가지 색채를 이용해 원근遠近의 차이를 나타내는 것은 고대의 설채원리
設彩原理를 따른 것이라고 하는데, 지극히 평면적으로 도안화된 것 같으
면서도 독특한 리듬감이 살아 있다. 약수리에서 보았던 오밀조밀한 반
원형 산악에 비할 것이 아니다. 둘의 차이를 굳이 따지자면 필치가 무용

총 쪽이 낫다는 그것 말고도 사실, 꽤 흥미로운 부분이 있다. 산의 능선이 하나하나 구분되어 동글동글 쌓아 올린 약수리의 산악은 아무래도 정적인 느낌이다. 비록 그 산줄기를 타고 달리는 맹수들이 그려지기는 했으나, 그 움직임이 산의 것은 아니니까. 무용총의 산세는 봉우리 하나하나가 개별적으로 존재하지 않는다. 각 봉우리의 능선을 한 붓으로 이어 그리듯 매끄럽게 마무리한 것이다. 그렇게 해서 얻어낸 효과는, '속도감'이다. 바람처럼 몰아치는 말들의 속도감에 어울리게, 산세도 그렇게 출렁이고 있다.

출렁이듯 움직이는 산세. 그저 땅을 딛고 사냥을 구경하는 이들의 시선으로는 잡아낼 수 없는 대목이다. 그렇다면 누구의 시선인가. 전속력으로 말을 달리는 주인공이라면, 그가 느꼈을 산세라면 이렇듯 개별성을 내세우지 않고 그 속도에 묻혀 하나의 능선으로 이어지지 않았을까. 움직이는 무언가에 몸을 싣고 달릴 때 주변의 풍경이 흔히 그러하지 않던가. 특히나 배경으로 둘러진 것이 뚜렷한 능선으로 이어지는 산이었다면 자신의 속도감이 그대로 배경 속으로 전이된다는 체험. 무용총 수렵도의 생동감은 이렇듯 주인공의 마음을 존중한, 그 배려의 결과물로 보인다. 묘주가 좋아하지 않을 수 없는 장면이다.

전체적으로 보자면 상·중·하의 3단으로 구성된 화면은 인물과 동물들의 배치가 서로 부딪치지 않게, 효율적으로 펼쳐져 있다. 배경으로 등장한 산악의 위치 또한 상하로 적절히 나뉘었는데, 크기나 색채에도 변화의 묘미가 있다. 일단 짜임새 면에서는 이 시기까지의 그 어느 벽화보

무용총 수렵도(모사도) | 고구려 벽화 최고의 장면 가운데 하나이다. 질주하는 인물의 속도감을 고려한 듯, 산악의 능선 또한 생동감으로 출렁인다.

다도 촘촘한 구성을 보인다. 좀 더 들여다보자.

화면에서 제공하는 정보만으로 실제 사냥의 규모를 이야기할 수는 없다. 등장인물이라곤 겨우 다섯(그나마 한 사람은 사냥에 별 뜻이 없어 보인다). 독자적인 화면을 차지하고, 상·중·하의 정연한 화면 배열까지 고려한 상황에 비하면 다소 소박한 규모가 아닐 수 없다. 응원 부대까지 동원했던 약수리는 물론, 아직 독립적인 화면을 요구하지 못했던 덕흥리의 사냥 팀보다도 인원이 적다. 조우관鳥羽冠을 제대로 갖추어 쓴 인물들의 면면으로 보자면 이날의 사냥이 근사한 축제 가운데 치러지고 있다 해도 어긋남이 없을 듯한데. 사냥터가 너무 조용한 것 아닌가.

선택의 내면에는, 포기한 가치보다 더 나은 대가에 대한 기대가 자리하기 마련이다. 무용총의 화가가 포기한 것이 그날의 웅장한 분위기였다면, 기대한 것은 주인공이 빛나던 순간, 그 장면의 생생한 포착이 아니었을까. 결과는, 기대한 그대로였다. 영원을 기념하는 그 자리에서 영원히 기억되어도 좋을 만큼 멋진 자세로 그는, 그들은 활을 겨누고 있다. 부수적인 상황들을 가뿐히 정리해내고 화면은 오직 이 한 장면에 초점을 맞춘 것이다. 때문에 화면 속 인물들은 큼직하게, 각자의 개성을 내뿜으며 그려지게 되었다. 이건, 대단히 중요한 차이다. 다섯 사내 가운데 주인공은 하나. 하지만 나머지 네 사람에게도 저마다의 자리가 주어졌다. 인물 1, 2, 3, 4 식으로 나열되지는 않았다는 이야기다. 주인공을 받쳐주는 것이 목적이었다면 도리어 손해 보는 전략이지 싶은데.

목적이 그것만은 아니었기 때문이다. 화가가 원한 것은 주연과 엑스트라들의 조합이 아니다. 주연과 비중 있는 조연, 그리고 비중이 덜한 조연이 함께 '보여주는 이야기.' 5세기의 화가로서는 상당히 파격적인 생각을 한 것이다. 그는 알고 있었다. 주인공만 살려서는 결국 주인공도 살 수 없다는 사실. 그리고 인물들이 저마다의 역할로 제자리를 지키지 않았다면, 그날의 이야기가 생동감 있게 '재현'될 수 없다는 사실을(혹, 그가 의도하지 않았을지라도, 결과적으로는 확실히 그렇다). 무용총의 수렵도가 '회화'의 이름으로 살아남을 수 있었던 결정적인 이유일 것이다.

상·중·하로 적절히 분리된 화면의 제일 위쪽으로는 풍성한 깃털로 장식한 절풍모折風帽를 쓴, 붉은색 상의를 입은 한 남자가 등장한다. 달리는 백마 위에 앉아, 멋진 포즈로 한 쌍의 사슴을 겨냥하고 있다. 흔들림 없는 자세에 과묵한 표정, 화면 상단 전체를 책임지고 있는 그의 무게로 미루어 오늘의 주인공임이 분명하다. 그를 받쳐주는 배경으로는 바로 그의 시선 아래 펼쳐졌을 물결무늬 산악이 그려졌다. 주인공은 이 산의 곳곳을 누비며 그날의 영웅으로 떠올랐을 터. 산의 형상은 이렇듯 주인공의 발길을 허용하면서도, 화면 아랫단과는 적절한 경계선을 형성하기도 한다.

그 산 아래로는 역시 한 남자가 말을 달리며 호랑이를 쫓고 있다. 몸을 앞으로 조금 기울인, 활을 당기는 그 마지막 동작에 힘을 싣는 모습이다. 앞코가 뾰족한 신발과 등자의 형태, 이런저런 마구馬具와 화살통에 담긴 화살의 수까지. 그를 묘사하는 화가의 시선이 섬세하다. 장면을 넓게 잡지 않고 주요 인물들을 중심으로 집중하다 보니 이처럼 세세한 표현까지 가능했던 것이다.

다시 그의 아래쪽에서 활을 겨누는 두 인물. 역시 깃털 장식의 모자를 쓴 이와, 장식 없는 흑건黑巾을 두른 인물이 각기 말을 달리며 사냥에 여념이 없다. 화면 중간에 등장한 인물보다는 조금 작게 그려졌는데, 이처럼 무용총의 수렵도는 인물들의 관계를 그 위치와 크기로 솔직하고 보여주고 있다. 그렇다고는 해도, 모든 인물이 똑같이 흑건을 쓰고 등장하는 덕흥리나, 개개 인물의 모습을 상세히 살피기 어려운 약수리를 그린 이에 비해서, 무용총의 화가가 신분 관계에 민감했다고 말할 수는 없다. 오히려 인물들의 관계를 드러낸다는 것은 그들에게 개별성을 부여한다는 의미가 된다. 높으면 높은 대로, 낮으면 낮은 대로. 다른 벽화에서처럼 두드러질 정도의 크기 차이도 아니어서 그냥 주인공보다 조금 덜 돋보이게, 그 정도로 그려졌을 뿐이다. 누구도 엑스트라로 등장하지 않는 무용총의 수렵도. 이 장면을 그린 이는 아무래도 화면을 보는 시각이 여느 화가들과 많이 달랐던 것만은 확실한데 저쪽 화면 구석에 멈칫하고 선 한 인물에 이르면, 정말 이 화가의 생각이 궁금해진다.

화면 왼편에 묵묵히 서 있는 한 남자. 사냥터에서 이 어인 부조화인가. 말을 타고 활을 든 모습이 참가자 가운데 하나임이 분명한데다, 주인공의 것과 같은 모자 장식으로 보건대 신분 높은 누군가일 터인데. 그는 이 활기찬 현장에서 어찌 꿈꾸는 듯 몽롱한 표정으로 우두커니 서 있는 것일까. 옛 무덤 속 벽화에 등장하는 인물들의 얼굴에는 특정한 감정이 드러나지 않는 것이 일반적인데 그의 얼굴은 단순히 무표정이라 말하기 어려운, 무언가가 있다.

그럴 수도 있다. 제아무리 고구려의 남자로 태어났다 한들 어찌 그 모두가 사냥을 즐겼을 것인가. 사냥 같은 건 나와 맞지 않아, 라는 서생 같은 표정이다. 하지만 그 또한 고구려 귀족으로 태어난 이상 이런 행사를 피해 갈 수는 없었을 터. 그런 불편함을 그리고자 함이었을까. 아니면 사냥에 처음 참가한 어느 도련님의 머뭇거림을 이야기하는 것인지도 모르겠다. 그런데 정말 모를 것은 화가의 의도이다. 그런 인물이 있었다 한들, 어찌 그를 굳이 벽화 속으로 끌어들인 것인지. 등장인물이라야 겨우 다섯뿐인 이 장면에. 자리가 자리인지라 농담 같은 게 통할 것 같지는 않건만 의외로 묘실 벽화의 세계는 여유가 있었다고, 화가는 슬쩍 수수께끼를 던져놓은 것인지. 그것도 아니라면 혹, 그날을 회상하며 이야기를 전하는 화자話者의 입장으로 등장시킨 것인지도. 정말 모르겠다, 이런 장면들은. 그 앞에서 한동안 멈추어 고민해보지만 묘실 안 벽화라는 게 그렇다. 현대의 시각으로는 답할 수 없는 그런 이야기들이 여기저기 묻혀 있는 신비로운 세계. 그래서 더 재미있는 세계인 거다.

답할 수 없는 것들이 어디 벽화 속 이야기뿐인가. 무덤의 편년 문제에서도 이 약수리 벽화고분과 무용총 가운데 어느 것이 먼저라고 단정하기는 어렵다. 무덤의 구조로는 아직 전실前室 옆으로 감실龕室이 남아 있는 약수리 쪽이 무용총보다 앞서는 것 같지만, 벽화 가운데 등장하는 사신의 위치와 무게로 보자면 무용총이 더 앞 시기의 것으로 생각되고. 수렵도만으로 따진다면 그 화면 구성의 차이가 시대적 순서에 따른

것이라 말하기도 어렵다. 목적이 달랐던 만큼, 화면 구성의 전략 자체를
다르게 가져갔다고 보는 것이 옳지 싶다.

일대일의 기본으로 돌아가다 _

누군가 이미 정점을 찍었다면, 그 이후의 것들에게 남겨진 운명은 무
엇일까. 수렵도의 화면 구성을 떠올려본다. 기마궁수 몇과 그들에게 쫓
기는 동물들이 최소의 배경과 함께 나열되면서 시작되었던 수렵도는, 점
차 그 규모가 길게 이어져 산악이라는 의미 있는 배경을 만들어내고, 드
디어 독립적인 화면을 차지하여 다층 구조의 깊이 있는 장면으로까지
그려지게 되었다. 그 정점을 무용총이라 한다면, 이후의 수렵도는 어떤
길을 걷게 되었을까. 현재까지 발굴된 벽화고분의 수렵도 가운데 가장
시대가 내려오는 것으로는 수렵총의 것이 있다. 5세기 말에서 6세기 초
로 편년되는 이 무덤에서 수렵도는 어떤 모습을 보여주게 될는지. 좀 더
장대한 화면으로? 아니면 지루한 매너리즘으로?

어느 쪽도 아니었다. 하지만 그것은 수렵도에 내재된 고민의 결과가
아니라, 외부적 요인 때문이다. 묘실 벽화의 주제에 근본적인 변화가 시
작되었던 것이다. 변화의 주인공은 바로 사신도. 천장에 등장한 이 사신
도가 슬금슬금 벽면으로 내려오기 시작하면 풍속적인 화제들은 조금
긴장해야 한다. 다음 세대의 주역과 화면을 나누어 쓴다는 건 아무래도

신경 쓰이는 일이다. 사신도가 벽면의 주된 화제로 자리 잡은 후에도, 물론 풍속 벽화들이 어느 정도는 함께 그 생명을 이어나갔지만 점차 구석으로 밀려 나가게 되는 건 어찌할 수 없는 힘의 논리다.

앞서의 약수리 벽화고분 같은 경우가 바로 인물풍속과 사신이 힘의 균형을 이룬, 바로 그 시점의 무덤이다. 아직 천장에 머물고 있는 무용총의 사신과는 달리, 약수리의 사신은 현실의 벽면에서 제법 큰 힘을 발휘하고 있다. 그럼에도 수렵도가 널찍하게 벽면 하나를 차지할 수 있었던 것은 이 무덤에 전실이 있었기 때문이다. 두 개의 묘실을 각각의 주제가 나누어 가졌다고나 할까. 즉, 벽면에 여유가 있는 상황에서, 전실은 수렵도를 포함한 인물풍속이, 현실은 무덤주인 부부의 정좌상과 사신도가 공존하는 형식으로 그 균형을 유지할 수 있었다는 이야기다. 하지만 '공존'이란 과도기를 장식하는 일시적인 동거일 뿐이다. 결국, 고구려의 무덤들은 점차 양실분兩室墳이 쇠퇴하면서 현실 하나만 남게 되는 단순한 구조로 변모하게 되지 않던가. 두 주제가 함께 거할 만한 물리적인 공간 자체가 사라진 것이다.

수렵총으로 보자면, 이미 단실분單室墳으로 들어선 무덤이다. 사이좋게 나누어 쓸 벽면이 부족한 상황이니 옛 세대가 물러나는 것이 순리다 (물론 5세기 후반경의 수산리 벽화고분처럼 단실분임에도 인물풍속의 주제로 채워진 무덤이 없는 것은 아니지만, 이는 조금 예외적인 경우이다). 수렵총에서 시간이 조금 더 흐르면 이제, 묘실의 네 벽이 온통 사신만으로 채워지는 시대가 된다. 수렵총은 앞 시대 벽화의 흔적을 보여주는, 마지막 무덤이 되는 셈이다.

마지막이라니 조금 쓸쓸한 느낌인데, 활기찬 수렵도로 기분 전환을 해볼까. 수렵총의 수렵도를 보고 있자니 오히려 더 쓸쓸해진다. 몰이꾼은커녕 함께 달리는 동료 하나 없이, 배경으로 등장하던 산악도 간데없고 텅 빈 벽면만이. 쫓는 사람과 쫓기는 짐승 이외에는, 나무 한 그루 더 그려지지 않았다.

이유인즉 간단하다. 이제 이 수렵도가 그려진 현실 서벽의 주인공은 수렵도가 아니었기 때문이다. 이미 묘실의 네 벽은 각기 청룡靑龍, 백호白虎, 주작朱雀, 현무玄武가 그 주인으로 자리 잡고 있었으니, 이 지극히 간략한 수렵도는 서벽을 지키는 백호 위로 조그마하게 그려졌던 것이다. 벽면 전체를 길게 가르며 포효하는 백호 위로 그저 지나는 길에 들른 손님 같은 모습. 저만큼 앞서 가버린 사냥 부대를 뒤따르는 마지막 한 사람처럼.

그런데 이 수렵도, 그림으로서는 매우 독특한 맛이 있다. 그 마지막 한 사람을 그렸을지라도 기본적인 자세는 앞서 수렵도들의 여느 인물과 다르지 않다. 힘차게 달리는 말 위에서 활을 당기는 순간을, 쫓기는 짐승과 한 묶음으로 그려낸 것이다. 한데, 느낌이 전혀 다르다. 고분벽화에서 흔히 보이는, 미숙함으로 말해도 좋을 그런 고졸함과는 무언가 다른, 의도적인 단순함이랄까. 가라앉은 색조와 간략한 선은 오히려 지극히 현대적인 감각으로 다가온다. 텅 빈 배경 또한 이 독특한 분위기를 살리는 데 일조하는 느낌이다. 당시의 산악 표현이란 것이 아직은 아름다움을 논하기엔 어울리지 않는 수준이니 이렇게 마무리를 짓는 것도

수렵총 수렵도(모사도) | 단 한 사람으로 축약된 수렵도. 서벽의 주도권을 사신에게 내어준 이의
쓸쓸한 고별사로 들린다.

나쁘지 않다. 이제 벽면은 사신의 것이 되었으니 옛 시대의 인물들은 이렇게 작별을 고할 일이다.

그리고······안녕

감신총에서 덕흥리, 약수리, 무용총을 거쳐 수렵총까지 왔다. 그 사이사이의 여러 무덤 안에도 수렵도가 있었지만 큰 흐름을 따르느라 일일이 들여다보지 못했을 뿐이다. 비교적 오랜 기간 동안 여러 무덤에 그려진 수렵도. 아주 간단한 감신총에서 더 간단한 수렵총으로 돌아오기까지, 화가들은 매 순간마다 그 장면을 어떤 '공간'으로 해석하느냐로 고민했던 것이다. 아름다운 고민이다.

그 생각의 무게만큼 벽화의 이야기는 깊어지는 것이 아닐까. 고구려 고분벽화를 마주한다는 것. 벽화 그 자체를 읽는 즐거움도 크지만 이후 조선시대까지 이어진 여러 장르의 출발점을 찾아보는 재미도 각별하다. 옛 무덤은 참으로 다양한 그림들을 품고 있었던 것이다. 묘주의 초상이 초상화로, 이런저런 생활 속 장면들이 풍속화로, 그리고 아리따운 여인들은 미인도로······. 그러면 수렵도는?

아무래도 묘실 안에서 운명을 맞아야 할 것 같다. 고구려인들에게 가장 사랑받았던 이 주제는 어찌 된 일인지 다음 세대로 그 생명을 이어가지 못한다. 다분히 호전적인 고구려의 성격이 강하게 반영되어 있기 때문일까. 활시위를 당기며 산짐승을 쫓는 것이 더 이상 남자들의 이상으로 받아들여지지 않는 후대에, 어찌 새로운 수렵도를 기대할 수 있을 것인가.

곁가지까지 살펴보자면 이런 쪽으로 이어지기는 했다. 산악이라는 배경 속에서 사냥이 아닌 다른 즐거움을 찾는 쪽으로. 인물과 배경의 무게가 역전되어 나타나는, 강호江湖의 아름다움을 즐기는 그림, 산수화이다. 조선 시대 산수화의 한 장면을 떠올려보라. 화면을 가득 채운 산수 속에서 인물들은 더 이상 거친 숨을 내쉬며 말을 달리지 않는다. 그나마 가끔씩 등장하는 그들은 대체로 움직임을 극도로 꺼리는 눈치다. 홀로 앉거나, 마주 앉거나, 아주 가끔은 나귀 등에 실려 타박타박. 시대가 달라졌으니 그림이 달라지지 않을 수 없겠다. 그렇기는 하지만. 그런 멋진 사나이들을 더 이상 만날 수 없다니, 조금 아쉽기는 하다.

7

사신四神, 그들의 발자취를 더듬다

사신도의 흐름

묘실 벽화, 새로운 주제를 고민하다 ___

이야기를 그린 벽화의 시대가 저물어가고 있었다. 꽤 오랫동안 묘실 벽면의 주인공으로 군림했던 '묘주의 삶'이라는 주제는 서서히, 다음 시대의 주역을 위해 자리를 남겨주어야 했다. 물론, 연꽃 같은 주제에게 묘실을 온전히 내어준 적도 있기는 했다. 하지만 그것은, 애교 넘치는 막내에게 잠시 그 역할을 빌려준 것 같은, 그런 정도의 무게였다. 이야기도 연꽃도, 서로의 자리를 잘 알고 있었던 것이다.

자리를 안다는 것은, 힘의 중심을 인정했다는 의미이다. 자리가 바뀌었다는 건, 그 중심이 이동했다는 뜻이 되겠고. 연꽃 정도에서 흔들리지 않았던 이야기 벽화가 결국 자리를 내주게 된 대상은, 이미 그의 곁 아주 가까운 곳에서 자라고 있었다. 그다지 돋보이는 존재는 아니었는데 어느 사이, 주역으로 서게 된 것이다. 〈사신도四神圖〉의 세계다.

천장에 등장한 사신四神,
둘에서 셋, 그리고 넷으로__

　제아무리 실력자라 해도 저만의 능력으로 주인공이 되지는 못할 터. 누군가의 도움이 필요한 이때, 때론 드러나지 않는 힘이 그를 받쳐주기도 한다. 시대라든가, 사회라든가. 그런 거대한 흐름일수록 오히려 그 도움의 실체가 잘 드러나지 않는 법인데, 사신도의 주변 상황이 그렇게 보인다. 그의 주연 발탁은 여러 상황들과 박자가 잘 맞아떨어진 그런 느낌이다. 그가 처음 묘실에 등장했던 순간을 기억하는가.

　그의 등장이 그리 눈에 띄는 사건은 아니었다. 묘실 네 벽면에서 이야기가 한창 그림으로 무르익어 갈 무렵, 그는 천장에 조심스레 모습을 나타냈던 것이다. 연꽃이나 인동 문양들 사이에 묻혀 여러 신수神獸들과 어울려 있던 사신은 말 그대로 그 신수들 가운데 하나일 뿐이었다. 다만, 팀을 이루고 있다는 면에서 조금 독특한 존재이기는 했는데, 결과적으로 보자면 이 작은 차이가 그를 남다른 자리로 이끌게 된 것인지도 모르겠다.

　천장에 그려진 사신의 모습은 아직, 그다지 위용 넘치는 형상은 아니다. 사신이라 말하려면 조금 양해가 필요한 대목이기도 한데, 사신 가운데 네 짝을 모두 갖추지 못한 형태로 먼저 등장했기 때문이다. 북의 현무玄武와 남의 주작朱雀, 동의 청룡青龍과 서의 백호白虎라는 이름 아래 각기 동서남북의 수호신으로 자리 잡게 되는 방위신方位神. 하지만 이들이 온전한 형태를 갖추고 자신의 방위를 지키는 책임을 완수하기까지는 시간이 좀 필요했다. 아직은 그 넷이 꼭 한 팀을 이루어 무언가를 해야 한다는 데 생각이 모아지지 않았던 것이다. 적당히 느슨하게, 따로 또 같이 움직이는 느낌이다.

먼저 선을 보인 이는 청룡과 백호. 최소한의 팀 구성이다. 고구려 고분 벽화 가운데 '청룡과 백호'만으로 구성된 사신도는 장천1호분을 통해 대체적인 사정을 살펴볼 수 있다. 이 무덤의 전실前室 천장받침석에 그려진 두 신수를 보면, 자신의 자리를 만든다는 것이 정말 쉽지 않다는 생각이 든다. 몸에 맞지 않는 옷도 기꺼이 입을 준비가 되어 있어야 하는 것은 물론, 어느 정도의 어색함도 받아들이지 않으면 안 된다. 그들은 다소 어울리지 않는 자리에 불쑥 들어선 손님 같은 느낌이다. 그 형상과 자리의 부조화일까. 꼭 그런 것만은 아니다.

청룡과 백호는 천장받침석 중에서도 벽면에 가장 가까운 제1받침석에 그려져 있다. 천장과 벽면을 구분하는 그 자리에서 다음 시대를 꿈꾸고 있었던 것이다. 그들의 모습은 어떠한가. 받침석이라는 자리에 맞추어, 가로로 길게 몸을 늘이고 서 있다. 청룡이라면 또 모를까, 백호 또한 주어진 화면에 어긋날세라 몸길이에 신경을 쓴 흔적이 역력하다. 혹, 이처럼 옆으로 길쭉한 천장석 크기에 맞춰달라는 주문에 당황하지는 않았을까. 그렇지는 않았을 거다. 이미 길어진 몸에 꽤 익숙해진 단짝이 바로 이 둘이다. 다소 황당할 만한 이러한 몸의 비율은 '세장형細長型'이라는 명칭으로 불릴 정도로, 어느 정도 공공연한 것이기도 했고. 그렇다면 세장형 용호의 이력이 제법 된다는 이야기 아닌가?

고분에 벽화로 그려지기 이전에도 그들의 이미지는 꽤나 유명했던 것이 사실이다. 특히, 고대 동북아東北亞의 문화적 영향이라는 관점에서 도저히 빼고 넘어갈 수 없는 중국 한대漢代의 이런저런 유물 가운데, 이처럼 몸체를 길게 늘인 용호의 모습이 자주 등장한다. 동경銅鏡이라든가, 화상전畵像塼 등, 당시 고구려에서도 부담 없이 접했을 법한 작품들에서 쉬이 찾을 수 있는 것이다.

뒤집어 생각하자면, 천장받침석에 맞추어 넣기 위해 두 신수의 몸을 늘였다기보다는, 이들의 형상이 그 자리에 꼭 맞도록 어울렸던 것이다. 다만, 장천1호분에 그려진 용호는 아무래도 이 공간에 너무 꽉 채워져 그 움직임이 조금은 답답하다는 표정인데. 신수의 모습을 조금이라도 크게 표현하고픈 마음이 아니었을까. 청룡 아래편으로 펼쳐진 벽화 속 인물들과 비교해보라. 주연급 인물이 이 신수의 다리 한쪽보다도 작게 표현되었다. 화가는 화면이 허락하는 한, 최대의 크기를 보여주었던 것이다. 신수에 대한 대접이라 생각하면 되겠다.

하지만 그들을 보는 마음이 편하질 않다. 과도한 대접이었을까. 다음 세대의 주역이 될 이들에게 담긴 상징적 의미로 보더라도, 5세기 벽화에서 이 정도의 대우 자체가 그리 과한 것은 아니다. 그저 천장받침석 두 면을 내어준 것뿐이니. 문제는 그들 자신이 아닌, 주변 상황과의 관계이지 싶다. 천장 제1받침석은 벽면과 천장을 나누면서, 동시에 이어주는 그런 자리 아니겠는가. 벽화의 내용을 둘러보지 않을 수 없는 순간이다.

장천1호분의 전실에는 묘주의 삶을 빛내주었던 이런저런 이야기들이 제법 아기자기하게 그려져 있다. 특히 청룡 아래쪽의 벽면은 온 화면 가득 소곤대는 이야기들로 눈과 귀가 행복한 그런 자리이다. 게다가 그 이야기 사이사이로는 휘날리는 연꽃이 가득하니, 여느 인물풍속 벽화에 비해볼 때에도 낭만적인 아름다움이 물씬 풍겼던 바로 그 장면이다. 상황이 이러할진대, 그 벽면 바로 위 천장석에 길게 늘어선 사신의 모습이라니. 역시나 사신이 어울릴 만한 분위기는 아니다.

그럼 사신 위쪽의 천장 세계는 어떠한가. 하늘의 이야기를 그리게 되는 만큼, 사신의 입장에서 보자면 이 쪽 세계에 어울리는 것이 맘 편하지 않았을까. 인간 세상의 추억들과는 다른, 그들만의 유대감을 기대할 수 있으리라. 하지만 여느 벽화고분과는 달리, 장천1호분 그 넓은 천장에는 용호의 친구가 될 만한 신수의 흔적이 없다.

용호가 그려진 천장 제1받침석 바로 위의, 그 단부터 차근차근 올라가 보자. 앞서 살펴본 바와 같이 천장은 온통 눈부신 연꽃의 세상이다. 연꽃 아닌 다른 누군가가 있다고 해봐야 같은 집안 출신의 불상과 그를 향해 예배를 드리는 묘 주인, 하늘거리는 옷자락을 날리며 연꽃 사이를 떠다니는 보살들이 전부다(각 모서리마다 듬직한 역사力士들이 천장을 받치느라 힘깨나 쓰고 있기는 하다. 하지만 이들은 천장 벽화 속의 다른 소재들과 성격을 비교하기보다는, 일종의 건축적 '구조'와 연관 지어 이야기하는 편이 낫겠다). 화려하면서도 밝은 불교적 색채가 장천1호분 전실의 주된 흐름이었던 것이다.

사신이라면 아무래도 도교적 세계에 가까운 존재들이다. 물론 당시의 종교관이란 것이 불교와 도교 사이를 깐깐하게 따진다거나 하지는 않았음은 분명하다. 불교, 도교는 물론 유교적 성인들의 이름까지 나란히 거론되던 덕흥리 벽화고분의 예를 보지 않았던가. 게다가 사신도로 주도권이 넘어간 6세기 이후의 벽화를 보더라도, 사신이 네 벽을 지키는 와중에서도 천장 여기저기에는 여전히 불교적 이미지들이 한가로운 시간을 보내고 있었던 것이다. 하지만, 장천1호분 천장석의 청룡과 백호는 이 너그러운 시대 속에서도 여전히 어색하다. 담긴 내용보다도, 너무도 화사한 색채의 여느 벽화들 속으로 용호의 분위기가 스며들 수 없었다는 느낌에 가깝다.

차라리 천장에 여러 신수들이 함께 어울려 있는 모습이라면, 홀로 주목받지 못한다 한들 신나게 날아오를 기운이 솟았을 터인데. 무용총 천장에서 만난 사신의 모습이 그랬다. 이제 주작까지 합세하여 그 숫자도 셋으로 늘었으니 사신으로 완전한 팀을 이룰 날도 멀지 않아 보인다.

그 형상으로 보자면 무용총의 청룡과 백호 또한 세장형으로, 비교적 간략하게 그려져 있다. 무게감으로 볼 때도 그렇다. 여러 층으로 쌓여 올라가는 무용총 천장에는 말 그대로 수를 헤아릴 수 없을 정도로 많은 소재들이 이리저리 뒤섞여 있다. 수박手搏을 겨루는 두 인물에서 악기를 연주하는 선인仙人들, 날개 달린 천마에 이르기까지. 그리고 군데군데 자리를 나누듯 배치된 연꽃들. 그들 가운데 누구도 주목받을 수 있을 만큼 크게 그려지거나, 중심되는 위치를 차지하지 않았다. 사신 또한 마찬가지다. 장천1호분 쪽은 무덤의 성격과 매치되지 않았을지언정 자기 몫의 자리가 어디인가는 비교적 분명하게 밝히고 있던 것에 비한다면, 여러 형상 속에 파묻혀 두드러지지 못하는 것이 무용총 사신의 현주소다.

그렇지만 사신 가운데 현무만이 빠졌을 뿐, 드디어 용호의 단조로움에서 벗어나 새로운 구성을 이루었으니 이만저만한 진전이 아니다. 일단 청룡과 백호는 크게 달라진 모습을 보여주고 있지는 않다. 단독성을 내세우기 어려운, 여러 신수 가운데 하나일 뿐이어서 딱, 그만큼의 중요도로 그려진 것이다. 무용총에서 눈길을 끄는 이는 한 쌍의 주작. 장천1호분에서는 보지 못한, 새롭게 등장한 존재다.

신화 속에 전하는 이 신비의 새를 이미지의 세계에서는 어떻게 대접했을까. 남쪽의 수호신으로 불의 기운을 상징하는 이 신수는 일반적으로 봉황과 유사한 형상으로 그려진다. 두 신수의 상징성이나 이미지가 비슷하게 받아들여졌기 때문일 것인데, 어차피 실존하는 생명체가 아닌 이상, 모호하게 전해져 오는 옛 문헌에 기대어 '창조'하기 마련 아닌가. 물론 백호 같은 경우는 호랑이라는 모델이 있는 만큼 그 창조 과정이 어렵지는 않았다. 실재의 동물과 얼마나 닮았는가, 그렇지 않은가는 화가의 선택이었는데, 사실 벽화에 그려진 것처럼 몸체가 '가늘고 긴' 호랑이는 없겠지만 문제될 것 없다. 그는 산중에 포효하는 호랑이가 아니라, 하늘로 날아오른 '백호'일 것이니, 그의 몸에 날개가 돋고 꼬리가 출렁인다 한들 무어 그리 이상할 일이겠는가. 백호와는 달리 청룡은 참고할 만한 동물은 없었으나 워낙 오래도록 그 특유의 이미지를 널리 알

무용총 천장의 주작 | 수많은 신수들이 등장하는 무용총 현실 천장에 주작이 자리 잡고 있다.
마치 한 쌍의 수탉을 옮겨놓은 듯하다.

려오고 있었던지라 오히려 백호에 비해서도 친근감이 느껴질 정도였다.
고구려 무덤에 벽화가 그려질 무렵이면 더 이상, 누구도 '용'의 모습에
대해 의문을 제기하지 않았을 터이다.

　이 유명한 두 친구에 비해 주작은 얼굴이 늦게 알려진 편이다. 누구의
머리에, 누구의 부리, 누구의 날개를 지녔다고 전하는 상상 속의 새. 형
상화하기 모호한 그 수식어들을 이미지로 옮겨야 하는 작업이다. 상상
만큼의, 그런 멋진 모습을 기대해도 좋을까. 아쉽지만 아직은 때가 이르
지 못한 것 같다.

무용총 천장의 주작은 그다지 독특한 형상으로 등장하지 않는다. 날개 달린 말이라거나, 사람 머리를 한 새 등 온갖 기이한 것들로 넘쳐나는 주변 상황에 비하자면, 의외의 모습이다. 매우 신비롭게 그려져야 마땅할 주작 한 쌍은 전혀 신수답지 않은 모습으로 태연하니 마주 서 있을 뿐이다. 주작이라 말하지 않았다면, 그저 수탉이려니 하고 지나쳤을지도 모르겠다. 정수리 위의 벼슬과 붉은 목덜미, 그리고 검은빛으로 풍성하게 그어 내린 꽁지깃 등, 천장에서 내려와 주인공의 삶 속으로 파고들어도 어색하지 않을 정도로 익숙한 생활 속의 '새'로 그려졌으니. 아니, 혹, 정말로 수탉을 그려 넣은 것은 아닐까.

주작인가, 아니면 수탉인가. 그가 도대체 누구인가를 묻자면 무엇보다도 그 위치가 관건이 되겠다. 어찌 되었건 천장에 올라와 앉았다는 것은, 단순히 묘주 삶의 어느 순간을 장식하는 소재는 아니라는 의미가 될 뿐 아니라, 지상에서 생사를 맞이한 개별적 생명체가 아니라는 뜻을 담고 있기도 하다. 외형의 유사함이 어떠하다 해도, 그는 수탉은 아니다. 그래도 미심쩍다면 그가 자리한 방향을 고려해보면 어떻겠는가.

사신이 각기 동서남북을 관장하는 별자리의 수호신임은 알려진 것과 같다. 네 신수는 동양적 천문天文 사상에서 이야기하는 28수宿의 별자리를 동서남북의 방위에 맞추어 각기 일곱 자리씩 지키게 된다. 이 문제의 새 한 쌍이 앉은 자리를 살펴보자. 청룡·백호의 방향과 함께 살펴보아야 할 것은 물론이다. 그런데 천장을 올려다보니 수많은 소재들이 뒤섞여 있는 것이, 그들의 길 찾기가 만만한 일이 아니었지 싶다. 이 복잡한 천장에서 과연 세 방위신은 동·서·남의 자기 자리를 잘 찾아냈을까. 정확히 따져 말하자면 동·서·남에 자리하지는 않았다. 하지만 자신의 방식대로 제대로 찾아간 것만은 분명하다. 그들의 방향이 흔들린 것은 사신의 방향 감각에 문제가 있어서가 아니라, 묘실의 구조 때문이었다.

일반적으로 이야기하는 동서남북의 개념을 따르려면, 묘실의 입구가 남쪽을 향하고 있어야 한다. 그런데 무용총의 경우는 물론, 많은 무덤들이 남향으로 지어지지는 않았다. 쉽게 앉힐 수 있는 작은 건축물이 아닌 만큼, 방향보다는 지형이 우선적인 고려 대상이 되었을 것이다. 무용총은 묘실 입구가 서남향을 하고 있는데, 두 개의 묘실이 횡으로 나란한 형태다. 정방위正方位가 없는 상태에서 사신은 어떻게 자기 자리를 찾아갔을까. 그들은 절대적인 방위를 주장하지 않고, 상대적인 위치를 생각하기로 했다. 동서남북이 아니라, 입구를 기준으로 한 좌우상하의 개념을 따르는 순발력을 발휘한 것이다.

하여 무용총 천장의 청룡은 동남벽에, 백호는 서북벽에 그려져 있다. 역시 정남향으로 지어지지 않았던 장천1호분의 경우에도 청룡과 백호는 좌우에 자리 잡고 있던 점으로 보아, 이웃 무덤들의 대응책도 크게 다르지 않았던 듯하다. 문제의 그 새 한 쌍이 주작을 표현한 것이라면, 용호와 보조를 맞추어 서남벽 천장에 등장하면 되겠는데? 과연 그랬다. 그 두 마리는 어쩌다가 천장으로 날아오른 수탉이 아니라, 무용총 화가가 고심하며 창조해낸 주작의 모습이었던 것이다. 상상의 신수를 그려야 하는 화가가 지나치게 현실에 의존한 것 같기도 하지만, 달리 보자면 아직은 이들 사신의 이미지가 뚜렷이 각인되지 못했다는 뜻이기도 하다. 사신의 완전한 시대가 도래하지 않았던 것이다.

무용총은 이들 '삼신三神'으로 마감되었지만, 아직 천장 위 '사신'의 계보가 끝난 것은 아니다. 그들은 벽면으로 내려오기 전에 이미 전열을 정비한 상태였는데, 바로 삼실총 천장 벽화에서 온전히 팀을 이룬 사신을 만나볼 수 있다. 그렇다고 삼실총이 앞의 두 무덤보다 후대의 무덤이냐 하면, 꼭 그런 것은 아니다. 선후 관계를 따질 만한 명확한 근거가 없는 상황인 셈이다. 다시 말해, 이미지 세계에 등장한 사신의 순서 그대로 묘실 벽화에 적용된 것은 아니라는, 즉 고구려 벽화고분만으로 보자면 사신이라는 소재가 둘에서, 셋, 그리고 넷으로 시간적 공식에 따라 순차적으로 등장했다고 말하기는 어렵다는 이야기다. 무덤의 상황에 따라, 화가에게 주어진 정보에 따라, 혹은 여느 소재들과의 조화를 고려하여 선택되었던 것이 아닐까.

삼실총에 그려진 사신 가운데 청룡과 백호는 앞서의 예들과 대체적으로 유사한데, 크게 차이를 보이는 존재는 바로 주작이다. 거의 수탉이라고 우겨도 통할 법한 무용총의 주작과는 확연히 달라진 모습. 아직 불의 기운을 관장하는 새라 말하기엔 좀 얌전하다 싶지만, 지상의 것들과 차별되는 기운이 느껴진다. 활짝 편 두 날개에, 길게 출렁이는 붉은빛 꽁지는 주작으로서 갖추어야 할 기본 중의 기본이 된다. 삼실총 벽화의 한 특징인 굵은 먹선의 역동성도 다소 투박한 듯한 이 신수의 분위기에 한몫을 해낸 느낌이다. 이 정도면, 벽면으로 내려와 주인공의 자리에 앉

삼실총 천장의 주작 | 무용총 주작과는 사뭇 달라진 서조로서의 면면이 눈에 띈다. 삼실총 천장에는 이처럼 주작, 현무까지 갖추어진 완전한 사신도가 그려져 있다.

는다 해도 그런대로 괜찮을 듯한데.

주작까지는 되었다. 새로운 문제는 현무. 사신의 팀 구성을 논하게 될 때 가장 신경 쓰이는 존재가 바로 현무다. 자리를 비우기가 일쑤인데다, 그 형상 또한 온전히 아름다움을 갖추어나가는 데 꽤나 오랜 시간이 걸렸던 것도 사실이다. 하지만 그의 자리는 다른 팀원들에 비해 매우, 아니 가장 중요한 곳이다. '북'은 단지 동서남북 가운데 하나가 아니다. 상징적 무게가 큰 자리. 무덤 현실의 북벽으로 보자면, 전체 벽화의 주제가 그려지는 벽면이 되기도 하니 상당히 부담을 느낄 만한 자리다. 특히 마지막까지 현실의 북벽을 고집하는 묘주 부부 초상의 위세에 눌려, 현무는 고민스러웠을 것이다.

게다가 현무는 이미지 형상화에 있어서 주작보다도 어려운 처지에 놓여 있다. 신비의 존재라고는 하지만, 다른 세 친구와도 경우가 또 달랐다. 뱀과 거북이 뒤엉킨 모습을 한 자웅동체雌雄同體의 존재로 전해져 오는바, 꽤나 상상력이 필요한 대목이다. 삼실총의 현무는, 형상만으로 보자면 감탄이 나올 만큼 아름답거나 하지는 않다. 중요한 것은 이처럼 천장 벽화에 팀원 전체가 모였다는 사실, 그 자체이다.

사신과 인물풍속, 절묘한 공존의 시대

그렇다. 이미 벽면으로 내려오기 이전, 그들은 완벽한 팀을 이루어 다음 시대를 준비하고 있었던 것이다. 벽면에서 만난 사신은 천장에 거할 때와는 정녕 달라진 모습이었다. 큰 자리에서도 어색해하지 않을 만큼의 자신감이다. 물론 사신이 벽면에 그려지기 시작했다고 해서 지금까지의 인물풍속 벽화가 한순간에 사라졌다거나, 그랬던 것은 아니다. 묘주 삶의 생생한 증거물들이 그리 쉽게 물러날 수는 없지 않은가. 자리를 조금 내주고, 사이좋게 지내보자는 마음이겠다.

같은 벽면 안에서 어떻게 사신이 인물풍속의 주제와 힘겨룸을 벌이고 있는지 궁금하다면 먼저 대안리 1호분을 만나보자. 양실분으로 지어진 이 무덤에서 사신이 등장하는 장면은 현실의 네 벽이다. 이 벽면들을 각기 상하로 나누어 위쪽에는 인물풍속의 주제가, 아래쪽에는 사신이 그려진 양상. 천장에 등장했던 사신이 벽면으로 내려와 인물풍속을 슬쩍 그 위로 밀어 올리는 모양새다. 다만, 아직 벽면 전체를 차지할 정도의 세력은 아니었다.

벽화의 박락이 심한 상태이긴 하나, 사신의 전체적인 형상은 대체적으로 짐작할 만하다. 아직 세장형을 벗어나지 못한 청룡과 백호. 그러나 그들을 묘사하던 화가는 분명, 이들이 천장을 떠돌던 그 시절과는 다른 신분이 되었음을 깨닫고 있었으리라. 벽면 위쪽에서는 여전히 인물들의 이런저런 이야기들이 들리지만, 그 아래에 큼직하니 자리 잡은 신수의 자세에는 수호신으로서의 당당함이 가득하다. 어째서 지금껏 사신을 주연급으로 바라보지 못했을까, 의아할 만큼. 심지어 현무마저도 자신의 무게를 잃지 않았다. 묘주 부부 초상 옆에서 초라하게 자리를 지키는 이 시대의 여느 현무들과는 달리, 벽면 하단에 큼직하게, 제대로 그 모습을 선보이고 있는 것이다.

기대했던 것보다도 더 적응력이 좋았던 듯, 벽면으로 내려온 사신은 각각의 무덤에 어울리게 인물풍속과의 역할 분담을 매끄럽게 이어가고 있다. 묘실 구조가 좀 예스러운 약수리 벽화고분의 경우는 어땠을까. 깔끔하게 떨어지는 양실분이 아닌, 자그마한 감실監室을 거느린 묘실 구조에 걸맞게, 사신의 형체도 대단한 기상이 넘친다든가 하는 것은 아니다. 하지만 사신에 대한 묘사가 서툴렀다기보다는, 이 무덤 벽화의 전체적인 묘사 수준이 그 정도였다고 말하는 편이 옳겠다. 이 무덤에서 눈길을 끄는 것은 '자리의 배분'이다.

인물풍속과 사신이라는 벽화의 두 주제가 전실과 현실로 각기 나뉘어, 서로의 자리를 존중하고 있었던 것이다. 전실에는 여전히 행렬도와 수렵도 등 묘주의 일생을 담은 벽화들이 그려져 있다. 사신이 자리 잡은 곳은 현실이다. 네 벽에 골고루, 동서남북 방향까지 제대로 맞추어서.

네 신수의 모습 가운데 조금 낯선 이는 남벽의 주작이다. 쌍으로 등장하는 여느 무덤 속 주작들과는 달리, 약수리의 남벽에는 외주작이 날개를 펴고 있다. 세부적인 상세함을 신경 쓰지 않은 듯, 간략하게 외곽선에 의존하는 모습으로. 동과 서로 나뉘어 그려진 백호와 청룡의 표현도 크게 다르지 않다. 익숙한 세장형의 모습에 그 묘사 또한 극도로 단순하기만 하다. 표현만으로 보자면 오히려 천장에 그려진 삼실총의 사신보다도, 그저 그런 정도다. 과연 이들에게 벽면을 온전히 맡겨도 괜찮은 걸까.

약수리의 화가에게 기대할 것은 묘사의 빼어남은 아니다. 그는 두 개의 묘실을 어떤 내용으로 채워 넣으면 좋을까, 라는 쉽지 않은 상황에서 매우 명쾌한 해답을 제시했던 것이다. 인물풍속과 사신이라는 두 개의 주제는 서로에게 간섭할 이유가 없었다. 물론, 세부적으로 따져본다면야 인물풍속의 한 장르인 부부 초상이 현실 북벽에 남아, 가뜩이나 자신의 외모에 자신이 없는 현무를 압박하는 모양새이기는 했다. 하지만 여느 인물풍속적인 주제와는 그 격이 다른 것이 바로 묘주의 초상인지라 마지막 순간까지 묘실을 지킨다는, 좀 특수한 상황으로 예외를 인정하지 않을 수 없었을 것이다.

약수리 벽화고분 현실 북벽 | 현실 북벽에는 묘주 부부 초상 옆으로 현무가 그려져 있다. 두 주제의 힘 겨루기가 흥미롭다.

묘실의 벽면에 대한 명쾌한 분류가 가능했다는 것은, 이미 두 주제의 무게가 대등해졌다는 뜻으로 받아들여도 좋을 듯한데. 아니, 현실 쪽에 무게를 두지 않을 수 없는 양실분의 입장에서, 그 흐름이 사신 쪽으로 조금 기울어지기 시작했다고 판단해도 무방하지 않을까. 아직 감실도 정리하지 못한 '고식古式'적인 양실분의 상황에서, 이건 대단히 진보적인 생각이다.

인물풍속과 공존하는 사신이, 그 자신 스스로 내세울 만한 외모를 갖추고 등장하는 무덤은 쌍영총이다. 청룡이나 백호는 이제 제법 무덤을 지킬 만하겠다 싶은 정도가 되었다. 벽화의 박락이 심하기는 하지만 남겨진 부분만을 살펴보더라도 세장형이라 칭해지던, 그런 예스러운 모습이 아니다. 당당한 체격을 갖추었을 뿐 아니라 세부적인 표현에서도 신수로서의 기운이 느껴진다. 불을 내뿜는 모습으로 그려진 청룡은 다소 도안화된 듯, 해학적인 표정이 엿보이지만 벽면을 가득 채운 존재감이 예사롭지 않다. 백호 쪽 또한 전체적인 자세는 청룡과 비슷하다. 안면 부분이 박락되어 그 표정을 살필 수는 없으되, 힘차게 뻗은 네 다리에 온몸은 줄무늬로 덮여 있었던 듯하다.

주작 쪽도 나쁘지 않다. 전실과 현실 사이를 통하는 입구, 그 창방 위에 그려지느라 크기가 작아지기는 했으나, 한 쌍의 서조瑞鳥가 날개를 펴고 선 모습은 주작다운 도상을 두루 갖추고 있다. 먹선을 위주로 채색을 절제한 이 무덤 안의 다른 팀원들처럼, 주작 역시 색채로서의 화려함은 더해지지 않았다.

현무 쪽 상황은 어떤가. 그가 아직 북벽의 묘주 부부 곁에 그려진 것은, 두 주제 사이의 숙명이니 그렇다 하자. 하지만 존재감이 불투명할 정도의 크기로 한쪽에 덩그러니 등장한 것이 안쓰럽다. 흥미로운 것은 쌍현무의 형태로 그려졌다는 사실. 거북과 뱀이 서로 엉켜 있다는 상상 속의 신수를, 쌍영총의 화가는 각기 두 마리의 거북과 뱀으로 더욱 복잡하게 그려낸 것이다. 이처럼 쌍을 이룬 대칭적인 모습으로 표현한 현무의 형상은 사신도가 단독 주제로 떠오르기 전까지, 여러 무덤에 등장하고 있다. 남벽의 쌍주작을 염두에 둔 것일 수도 있겠으며, 두 생명체가 얽힌 모습이 과대 해석되어 나타난 것으로 보기도 한다.

쌍영총의 사신 또한 저마다의 방위를 착실히 지키고 있었을까. 분명 그렇다. 동, 서, 남, 북의 수호신으로. 다만, 인물풍속 주제와 묘실 하나

쌍영총 현실 남벽 | 현실의 창방 위, 한 쌍의 주작이 날개를 펼친 모습이다. 수수한 먹선으로 그려졌지만 그 형상에서는 묵직한 힘이 느껴진다.

씩을 나누어 맡았던 약수리의 경우와 달리, 쌍영총의 사신은 전실의 동서로는 청룡과 백호가, 현실의 남북에 주작과 현무가 나타나는 모양새다. 방위까지 제대로 잘 따르고 있기는 하지만, 인물풍속이 대세를 이루는 가운데 사신이 거처하기 편안한 장소를 양해받은 정도라고나 할까.

인물풍속과의 마지막 갈림길에 선 무덤은 바로 수렵총이다. 사신이 어떻게 단실분의 주인공으로 남게 되었는가를 보여주는 결정적인, 매우 흥미로운 무덤. 앞서 본 바와 같이, 인물풍속 가운데 최후까지 자신의 자리에서 장렬한 마지막을 장식한 화제는 묘주 부부의 초상이었는데 이 수렵총의 경우가 바로 그 순간의 모습을 그대로 증명하고 있는 셈이다.

청룡과 백호는 자신의 존재를 내세우듯 벽면을 횡으로 가르며 길게, 아주 길게 온몸을 늘이고 있다. 이쯤 되면, 세장형이라고 흔히 이야기하는 용호의 모습에 대해 고식古式이라는 수식을 더하게 않을 수 없겠다. 꿈틀대는 형상이라기보다는, 직선처럼 뻗어 있는 청룡과 백호. 단순한 필치가 수렵총의 특색으로 보이기는 하지만, 그래도 정말 단순하다. 주작의 경우가 오히려 다음 시대 주작의 기본적인 실루엣을 보여주는 정도이고, 북벽의 현무는 아직 묘주 부부에게 사신도 시대로의 변화를 당당하게 이야기하지 못한 것 같다. 하지만, 인물풍속의 화제라고는 현실 네 벽을 통틀어 몇 명의 인물밖에 남지 않은 이 무덤에서, 더 이상 사신의 위상에 대해 의문을 제기하는 이는 남아 있지 않을 터. 다음 무덤은 고민할 것이 없었다. 이제 벽화는, 사신의 세계가 되었던 것이다.

수렵총 현실 동벽(모사도) | 벽면을 길게 가로지른 청룡 앞에서 기마인물의 존재감은 미미하기만
하다. 이제 벽화의 주제는 사신도 쪽으로 완전히 기울어진 것이다.

묘실 벽화, 새로운 주제를 결심하다 __

만들기까지의 시간이 오래 걸리는 법이다. 일단 넷이 모습을 모두 드러낸 후에는 움직임의 속도가 놀랄 만큼 빨랐는데, 비중으로 말하자면 단순히 높아졌다고 말하기도 어려울 정도였다. 어느 사이 벽면 위쪽 어디쯤에 머물며 주요 화제인 인물풍속 벽화들과 섞여 들어가는가 싶더니, 점차 그들과 사이좋은 평행선을 유지하는 데까지 이르렀다. 수많은 엑스트라 가운데 하나로 출발한 그들이 드디어 공동 주연의 자리를 따낸 것이다. 그리고 결국에는 단독 주연이자, 고구려 벽화 최후의 주인공으로 우뚝 서는 일만 남았다.

그 승승장구의 배경은 무엇일까. 혼자의 힘이라고는 믿기 어려울 정도의 파격적인 발탁이다. 분명 그들 뒤에는 무언가, 있다. 꼭 짚어 사신이어야 할 이유는…… 때를 만난 것이다. 그저 '예술'이라고 주장할 수만은 없는 묘실 벽화에서, 그 큰 흐름을 끌고 가는 것은 당시의 회화관이 아닌, 내세관이 되겠다.

죽음을 받아들이는 자세, 혹은 죽음 이후를 준비하는 태도에서 5세기 고구려의 내세관에는 불교적 색채가 짙다. 주인공의 삶을 그려낸 벽화에도 불상이 그려졌음은 물론이요, 묘주가 예불을 드리거나 승려를 접대하는 장면들도 여럿이다. 여기에 불교적 상징인 연꽃으로 묘실 전체를 채워 넣은 무덤까지 등장했었다. 삶 속에서 사람들과 함께했던 불교가 그 삶을 마무리하는 길 위에서 더욱 커다란 무게로 다가왔음은 당연한 일이겠다. 종교가 그저, 이 세상에서 잘 살고픈 소망의 결과물은 아니지 않은가.

불교가 주도하던 5세기, 사신도에게는 딱 그만큼의 역할이 필요했을 것이다. 종교 사이의 벽이 그리 높지 않았던 시대이니, 저승으로 떠나는 이를 위해 만난 자리에서 이 정도의 역할 분담은 용인되었음직하다. 불교적 이미지로 가득하던 장천1호분에서마저 어색하게나마 청룡과 백호가 등장했던 사실을 떠올려보면, 그들 사신은 크게 낯가림을 하지 않는 존재였던 것도 같고.

사신이 벽면으로 내려와 주인공으로 군림했다는 이야기는 무엇을 뜻하겠는가. 적어도 묘실 안에서, 더 이상 불교가 예전 같은 영향력을 행사하지 못하게 되었다는 의미로 읽힌다. 아름다운 내세를 염원하는 묘주에게 불교보다 더 매력적인 사상이 나타났다는 이야기이다. 정확히 말하자면, 예전부터 그 자리에 없었던 것은 아니다. 자리바꿈이 있었던 것이다.

한 사회에서 종교적 색채가 흔들린다는 것은, 그 사회의 권력 중심이 이동하면서 심화된 결과이기도 하다. 불교를 중심으로 움직이던 고구려 사회를 바꾸고 싶었던 새로운 세력. 6세기 들어 왕실의 절대 권력에 맞서는 귀족세력 쪽으로 그 무게가 기울게 되면서 도교가 불교와 자리바꿈을 했다는 것이 이러한 흐름에 대한 일반적인 해석이다. 사신은 때를 잘 만난 셈이다.

도교적 사상은, 다른 종교적 이미지에 대해 관대했던 불교에 비하더라도 정말 너그럽다. 종교라 틀 지어 말하자니, 그 틀의 경계 자체가 모호할 정도이다. 일반적으로 신선 세계 전반을 포괄하게 되는 이 종교. 일일이 이름도 기억하기 어려울 수많은 신선들도, 천상을 떠도는 전설 속의 존재들도 도교의 품 안에서는 모두가 의미 있는 누군가로 대접받을 수 있다. 묘주의 내세관에서라면 어떤가. 이제 묘주는 불계佛界가 아닌, 선계仙界의 세계를 꿈꾸며 승선昇仙의 순간을 기다리게 될 것이다. 결국, 사신에게까지 너그러웠던 불교는 이제 자신의 상징적인 이미지들과 함께 천장으로 오를 수밖에 없었다.

그렇다면 말이다. 꼭 사신이어야 할 이유는 없었다. 예불 드리며 극락을 염원하는 묘주를 대신할 '내세관'의 도교적 버전이라면, 승선하는 묘주의 모습 정도일 게다. 사신은, 등가적 대체물이 될 수 없다는 이야기다. 그렇다. 사신이 묘실 벽화의 '주인공'으로 등극하는 데에는 또 다른 이유가 추가되지 않으면 안 된다.

이야기적인 요소를 제거하고 오직 사신만으로 묘주의 소망을 대신한다고 생각했다면, 그 소망의 배경이 어떤 종교이냐가 문제의 전부는 아닐 것이다. 주인공의 삶에 대한 회고가 없더라도, 그런 구체적인 현세의 모모함을 열거하지 않더라도, 묘주는 저승에서 남다른 대접을 받으며 안식할 수 있으리라는 생각. 그 생각의 전환이 단지 종교관의 문제는 아니지 않을까.

주인공의 삶으로 빽빽하게 채워졌던 벽면을 사신에게만 맡겨둔다면 너무 심심하지는 않을까. 물론, 5세기에도 구체적인 이야기에 의존하지 않는, 그런 예외적인 경우가 있긴 했었다. '연꽃무덤.' 하지만 짧은 유행이었을 뿐이다. 다만, 연꽃무덤의 탄생 배경을 더듬다 보면 사신도 무덤이 탄생할 수도 있었겠다는, 하나의 실마리가 보이기는 한다. 상징성으로 승부하는 것이다.

인물풍속 벽화에서 사신도 벽화로 옮겨 가는 과정을 생각해보자. 이 정도가 되자면 단순한 취향이 아닌, 근본적인 생각의 전환이 필요하다. 묘주는 물론, 그를 추억할 후손들 모두에게 '상징'에 대한 이해와 함께, 그 기능에 대한 신뢰도 있어야 할 것이다. 그렇기 때문일까. 모험을 피하기 위한 과도기가 필요했다. 온전히 네 벽을 사신에게 맡기기 전, 인물풍속 벽화 속으로 사신이 한 발, 한 발씩 다가서는 준비 과정이 있었던 것이다. 천장에서 벽면 상단부로, 전실에서 현실로 들어오면서 드디어 네 벽의 진정한 주인이 되는 과정은, 5세기에서 6세기에 걸쳐 천천히, 아니 제법 속도를 내며 진행되고 있었다.

그리고 마침, 묘실의 구조도 단실분으로 옮겨 가는 중이었다. 고구려의 벽화고분이 양실분의 시대를 서서히 마감하면서 현실 하나에 모든 공력을 집중하기로 마음먹은 그 시대가 바로 사신도가 본격적으로 위용을 뽐내기 시작하는 시기와 맞아떨어진다. 네 개의 벽면에 걸맞게, 그곳을 지키는 네 신수와의 멋진 조합이 이루어진 것이다.

사신의 형상이 회화적인 아름다움을 이야기할 만한 그때가 바로, 사신이 단독 주연으로 묘실의 이야기를 모두 거두어들인 그 순간이 아닐까. 사신이 오래도록 기다린 새로운 시대가 열리고 있다.

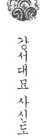

8

더 무슨 말이 필요하랴

강서대묘 사신도

사신도의 시대가 시작되다__

여기까지 왔다. 사신도四神圖가 현실玄室 네 벽의 주인으로 인정받기까지, 꽤나 흥미로운 길을 걸어왔던 것이다. 엑스트라에서 비중 있는 조연으로, 어느 사이 공동 주연에 올랐나 했더니, 드디어 단독 주연의 자리. 혼자서도 전혀 허전하지 않을 만큼 그의 내공은 대단했다. 아니, 혼자이되 혼자가 아니었던 팀 전략도 주효했던 것 같다.

마지막까지 남아 있던 앞 시대의 인물들을 위해 짐짓 무심한 척 약간의 자리를 용인했던 수렵총에서, 사실 모두는 서로의 갈 길을 잘 알고 있었다. 누군가에겐 마지막 순간이 다른 누군가에겐 새로운 시작이 된다.

새로이 묘실 전체를 책임져야 할 주인공은 이 임무에 전혀 주눅 들어 보이지 않았다. 바로 이때를 위해 준비해왔다는 듯, 아주 자연스럽게 자신의 자리로 걸어 들어갔다. 다양한 역할로 오랫동안 묘실을 지켰던 만큼, 그에게 매우 익숙한 공간이었던 것이다. 게다가 적응기의 어색함이라곤 그다지 찾아볼 수 없었으니, 이 자리가 바로 그의 자리였다는 이야기일까.

마지막으로 보고 싶은 무덤은 강서대묘다. 결국, 이 무덤에서 고구려 고분벽화의 절정이 아스라이 빛나고, 바로 그 자리에 선 채로 사라졌던 셈이니 운명이라 말하기에도 너무 깊은 인연이다.

배경을 고민하다

이미 사신도만으로 정리된 6세기에 진입한 후에도, 강서대묘를 만나려면 조금 더 가야 한다. 네 벽에 사신을 배치하는 방식의 차이가 있기 때문일까. 어차피 동서남북의 방위를 따라야 하니 특별히 다른 배치를 상상하기는 어렵겠는데. 그것보다는 오히려 사신을 제외한, 나머지 것들의 배치 방식이 문제가 된다. 네 벽으로 내려오기까지의 과정이 '자리'에 대한 고민이었다면, 그 다음의 문제는 '배경'에 대한 고민에서 출발한 것으로 보인다.

주인공인 사신 입장에서 본다면, 이제 자리에 연연할 필요가 없어졌으니 마음 편하게 주변을 돌아볼 여유가 생긴 것이다. 지금까지는 누군가와 함께 지켰던 묘실 네 벽을, 홀로 온전히 책임지게 된 상황. 배경의 도움을 받는 것은 당연한 일이 아니었을까. 이왕이면 신수神獸의 위엄을 받쳐줄 그런 배경이면 좋겠다. 하여 사신은 아름다운 배경 속에 신령스런 자태를 드러내는 것으로 주인공으로서의 첫발을 내밀었다. 우리의 기대와 크게 다르지 않은 출발이다.

사신이 완전한 주인이 된 무덤으로 보자면, 숫자만으로 결코 적지는 않다. 벽화의 주제 면에서 다소간의 이견이 있던 집안과 평양 모두에게 흔쾌한 허락을 얻어낸 것도 만만치 않은 성과였다. 각기 이 나라 '수도'라는 자존심이, 문화적 색채에 있어서도 묘한 지역적 차이로 드러나곤 했었는데. 어찌 된 일인지 양쪽 모두가 사신도에 대해서만큼은 별다른 토를 달지 않았다. 더 이상의 선택이 없다는 생각이었을까.

물론 주제가 같았다 하더라도 두 지역이 손을 잡고 나란히 걸었다고 말하기는 조금 어렵다. 집안과 평양의 문화적 차이는 여전히 존재했을 뿐 아니라, '주제' 이외의 것들로 보자면 오히려 그 차이가 좀 더 심화된 느낌마저 든다. 사신도라는 주제에 대해 시원스레 합의했을지언정, 회화적 표현에서는 각자의 길로 제법 멀리 떨어져 걷고 있는 것이다.

두 지역 사신도의 선택이 언뜻 생각하기에는 큰 것에 합의하고 작은 것에서 자신의 목소리를 내는 것으로 보일 수도 있지만, 오히려 그 반대로 해석하는 것이 타당하지 싶다. 묘실 벽화가 무엇인가라는 근원적 질문을 넘어, 묘실 벽화에서 가장 중요한 것이 무엇인가를 생각해보라. 주제에 대해 더 이상 달고픈 주석이 없다면 다른 무엇이 필요하지 않았을까. 표현 방식이 더 중요하다고, 그렇게 읽을 수도 있다. 똑같은 표현법으로 일관하기엔 고구려는 이미 너무 큰 제국이었다.

6세기 고구려의 묘실 구조는 결국 단실분으로 정리되고 있었는데 이러한 흐름이 집안에서도 평양에서도 다르지 않았다. 단 하나의 묘실에 어울리는 그 하나의 주제도 결정되었으니 이제 각자의 방식을 보여주기만 하면 된다. 집안도, 평양도 만만치 않은 저력을 가진 동네다. 그들은 이 하나의 주제를 어떻게 변주했을까.

사신을 주인공으로 삼은 묘실 네 벽의 '배경'이 어떻게 그려졌을까 생각해보자. 문화라는 것이 그렇지 않은가. 영향받을 정도의 커다란 문화권이 뒤에 버티고 있다면 특히나 그렇다. 처음에는 그 문화권의 영향이 나타나다가, 점차 자신의 색채를 찾게 되는 게 순서다. 물론, 전혀 그렇지 못할 수도 있다. 그 영향 안에 영원히 머무는 경우도 제법 많은 것이 사실인데, 고구려 고분벽화는 독자성이라는 면에서 생각하더라도 대단히 빼어난 장르다. 염려할 것 없다.

이러한 문화의 생태를 염두에 두었을 때, 사신도 벽화의 '배경' 읽기는 어디에서 출발하는 것이 좋을까. 큰 흐름을 생각하자면 평양 지역에서 시작하는 것이 이야기가 쉬울 것 같다. 사신도의 등장은 집안과 평양 모두에서 비슷하게 시작되었지만 그 이후의 발자취를 따라 걷자면, 네 벽의 주인공으로 자리 잡는 과정이 아무래도 평양 쪽에서 선명하게 드러난다. 약수리 벽화고분과 쌍영총, 그리고 수렵총 등인데, 이처럼 인물풍속 주제와 맞서면서 제 목소리를 내는 사신의 모습을 집안 쪽에서는 좀처럼 만나보기 어려웠다. 이 무렵 집안 지역에서는 연꽃무덤 등 장식문양 계열의 무덤들이 제법 성행하던 중이었다. 이처럼 5세기에는 두 지역의 무덤 벽화가 각자의 길을 걷고 있었던 것이다.

평양 지역의 사신도 무덤 가운데서도 진파리로 먼저 떠나고 싶은 건, 한없이 아름답게 흩날리는 네 벽 위의 '꽃보라' 때문이다. 진파리의 1호 분과 4호분이 바로 이처럼 아름다운 배경 속에 사신을 품고 있는 무덤들이다. 단실분에 그려진 본격적인 사신도 무덤 가운데 비교적 이른 시기에 만들어졌을 이 두 무덤은, 벽화 속의 문양 등이 매우 닮아 있어 이러한 '양식'이 당시 고분벽화의 한 흐름이었음을 알려준다.

두 무덤 가운데 비교적 보존상태가 양호한 1호분으로 들어가 본다. 하나의 '이미지'로 무덤 벽화 전체를 이야기하는 것은 위험한 일이겠지만, 진파리1호분 같은 경우는 그럴 수도 있겠다 싶다. 너무도 선명한 그의 이미지는 바로 붉게 흩날리는 꽃과 바람의 세계. 혹, 이 근사한 배경에 홀려, 주인공 사신의 모습이 희미해져 버리지나 않을까 싶을 정도의 아름다움이다. 사신을 받쳐주기 위한 배경이 아닌, 그저 함께 존재한다는 느낌이다.

진파리1호분의 남다른 대목은 바로 사신의 율동감인데, 그 아름다운 배경과의 일체감으로 더욱 빛을 발하는 건 너무도 당연한 일이다. 정말 그렇다. 네 벽의 사신을 곰곰 살펴보면 과연 천상의 존재들이 지녔을 법한, 그런 자태를 지녔다. 볼륨감 넘치는 웅장한 무게보다는, 늘씬하게 뻗어 자유롭게 비상하는 이미지에 가깝다.

먼저 남벽을 지키는 한 쌍의 주작. 붉게 솟은 벼슬과 야무진 부리가 선명한데, 벽면을 휘도는 바람결 따라 그 맵시 있는 꽁지가 진정한 불새의 기운으로 타오른다. 바람이 새를 부추기는 것인지, 새의 기운이 바람

진파리1호분 청룡(모사도) | 붉은 꽃보라 사이로 청룡이 날고 있다. 흩날리는 구름 속에 얼핏 한 마리 새의 형상도 보인다.

을 일으키는 것인지. 정녕 하나의 기운으로 움직이는 듯하다.

동벽의 청룡은 어떠한가. 세장형의 몸체이되 마냥 길다는 느낌은 아니다. 그 길이를 충분히 이용하여 출렁인다고나 할까. 이 청룡은 오히려 적룡赤龍이라 부르는 편이 좋을 정도이니 진파리1호분 전체의 이미지 그대로, 이 동벽에도 붉디붉은 화려함이 가득하다. 청룡의 곡선에 맞추듯 꽃무리도, 구름도 함께 날아오르고 있으니. 게다가 이건 또 무언가. 그 구름 속으로 한 마리 새가 바람인 양 함께 휘날리고 있다. 사랑스러운 장면이다.

서벽의 백호 또한 대체적인 상황은 청룡과 다르지 않다. 그들이 지키는 방향이 문제일 뿐 진파리1호분의 청룡과 백호는 그 고유한 색채에 대해 개의치 않는다는 태도이니, 이들에게는 오히려 배경과의 조화가 보다 깊은 관심거리였지 싶다. 맘에 드는 전략이다. 이 아름다운 배경을 걷어내었다고 생각해보라. 그들 사신은, 설레도록 눈부신 존재로 태어나지 못했을 것 같다.

현무가 자리한 북벽을 보면 또 다른 아름다움이 기다리고 있다. 늘, 다른 주제와의 힘겨룸에서 지쳐 보였던 현무가, 정녕 화면의 주역으로 활개를 치게 된 것이다. 다소 육중할 듯한 이 신수 또한 다른 벽면의 팀원들과 박자를 맞추듯, 리듬감 있는 모습으로 등장한다. 서로의 몸을 비틀어 꼰 거북과 뱀의 표피까지도 꼼꼼하게 표현되어 있고. 하지만 북벽의 새로움은 이웃 벽면에서 볼 수 없는 두 그루 소나무에서 빛이 난다. 천상의 존재들로, 바람에 날리는 구름과 꽃들 사이를 누비던 청룡이나 백호에게는 주어지지 않았던 배경이다. 북벽이 지닌 남다른 무게를 배려한 것일까.

배경 쪽을 좀 더 자세히 살펴보자. 선명하도록 붉은색, 긴 꼬리를 팔랑이는 인동연꽃. 바람의 속도가 느껴지지 않는가. 화가의 붓이 탄력 넘치는 속도감으로 벽면을 휘감고 있는 까닭이다. 그 붓끝에서 바람이 일고, 구름이 흐르고, 꽃이 날리는 것이다. 어디 그뿐인가. 빠른 바람을 잡아타고 훨훨 꽁지를 출렁이는 새의 모습이 보이는가 하면, 흐르는 구름 속으로는 언뜻 승천하는 한 마리 용의 형상이 눈부시다. 그들 모두는 하나의 기운처럼, 그렇듯 묘실의 네 벽면을 감싸 안고 있다.

하지만 이처럼 성공적인 '배경'의 창조는 탄력 넘치는 붓질만큼이나, 아니 그 이상으로 색채에 기댄 바가 크다. 짙게, 그리고 조금 옅게 색감을 조절함으로써 속도감까지 살려내었으니. 대상의 형체를 드러내는 데에 급급하지 않은, 회화다운 맛이 느껴지는 화면의 창조다.

진파리1호분 묘실 안에는 이처럼 아름다운 꽃보라가 가득하다. 죽음의 세계가 이토록 아름다운 바람을 타고 떠나는 길, 그 끝 어디쯤에 있는 것이라면. 이 무덤의 주인 또한 무겁지 않은 마음으로 그 길을 걸을 수 있을 것만 같다.

배경을, 다르게 고민하다

이쯤에서 집안 쪽 사정도 궁금해진다. 5세기 초의 평양 천도 이후, 사신도 무덤이 본격적으로 유행하기 시작하던 6세기 무렵까지 한 세기가량이 흐른 셈이다. 그동안 집안은 어떻게 지냈을까. 물론, 새로운 수도 쪽으로 무게 중심이 많이 기울어진 것은 사실이겠지만, 그렇다고 문화의 기반 자체가 흔들렸다고 말할 수는 없다. 새로운 수도와의 적절한 거리감이, 문화적 다양성이라는 측면에서 보자면 보다 풍족한 결과를 낳았을 것도 같다.

통구 사신총 현무(모사도) | 격정적인 현무의 형상이 힘차게 쏟아져 내리는 구름 사이로 배경과
한 몸을 이루고 있다.

집안 지역 사신도를 평양의 그것과 비교해보자. 이 정도의 차이를 문
화적 다양성이라고 불러도 좋을까. 그래야 할 것 같다. 그렇다면 주인공
사신을 받쳐줄 '배경'에 대한 새로운 대안을 제시했다는 이야기인가. 일
단 이쪽에서도 배경의 도움을 받기로 한 것은 다르지 않다. 다만 그 양
상이 조금 다르게 진행되고 있었다.

집안 지역 사신도 고분은 통구 사신총, 오회분 4호묘와 5호묘의 3기.
세부적인 차이를 크게 따지지 않기로 마음먹었다면, 다른 점이 두드러
지지 않을 정도의 벽화를 지닌 무덤들이다. 세부적으로 조금 더 따져본
다면?

통구 사신총의 배경은 그 기본이 진파리1호분의 것과 크게 다르지 않

다. 벽면 가득 휘달리듯 힘차게 쏟아지는 구름. 그 사이에서 사신의 기세가 더욱 빛을 발하는 구성이니, 사신의 비상을 돕는 최고의 배경이 아닐 수 없다.

이런 식으로 흩날리는 구름 문양을 사신의 배경으로 배치한 것은 중국 남북조南北朝 시대 미술의 한 경향으로 알려져 있다. 당시, 고대 사회에서 중국의 무게를 생각해보라. 6세기의 고구려 또한 그 영향을 받지 않았다면 도리어 어색할 일이다. 진파리의 두 무덤이나 통구 사신총 모두, 조금씩 다르지만 전체적으로는 다르지 않게 그 영향을 소화해내고 있었던 것이다.

그런데 어느 시대이든 외부의 영향에 대해 조금 민감한 이들이 있기 마련이다. 어떤 방식으로든 자기 식으로 번역하지 않으면 마음에 차지 않는. 통구 사신총 인근의 오회분 4·5호묘가 그랬다. 이들 또한 사신에게 배경이 필요하다는 데에는 적극적으로 동의했다. 하지만, 그 역할에 대해서는 다른 생각을 가지고 있었던 것이 분명하다.

배경이라기보다는, 벽면을 장식한 문양처럼 보이지 않는가. 살아 움직이는 사신과 겨룰 만한 '무엇'이라는 느낌이 아니다. 성공인가 아닌가에 대한 판단은 저마다의 미감에 따를 일이겠지만, 적어도 6세기 집안 지역에서는 이런 방식을 긍정적으로 받아들였던 것이다. '비어 있는' 벽면에 대해, 그 비어 있음에 대해 그들은 그다지 관대하지 않았다. 그보다는 차라리 다양한 문양으로 벽면을 가득 채움으로써 묘실 벽화가 행해야 할 임무를 한 가지라도 더 해내고 싶다는, 그런 마음.

오회분 4호묘 청룡 | 원색의 장식문양이 온 벽에 가득하다. 그 위로 역시 화려한 색채의 청룡이
몸을 길게 늘인 채 벽면을 가로지른다. 벽면의 진정한 주인공은 과연 누구인가.

집안 지역에서는 장식문양 벽화가 유행하기도 했던 만큼, 그 전통이 사신도 무덤의 배경으로까지 이어져 왔다는 생각도 든다. 그렇다고 그저 별 의미 없는 장식이기만 한 것은 아니다. 묘실 안에 그려질 문양이라면 의미심장한 상징 중에서도 고르고 골라낸 것들일 수밖에 없다. 그렇게 골라낸 문양들이 꽤 많기는 했다. 벽면은, 한 치의 빈틈도 찾을 수 없을 만큼, 그 무수한 문양들로 빽빽하다.

크게 보자면 배경 전체에 일정한 패턴의 사방 문양을 그려 넣는 것으로 시작했다. 일종의 귀갑문이 변형된 연속 문양(연꽃 혹은 인동잎을 닮은 모양새다)으로 벽면을 채우고, 그 안에 또 다른 소재들을 그려 넣었으니 꽤나 복잡한 구성인 셈이다. 그 소재들 또한 연꽃에 인동잎, 그리고 신선의 모습에 이르기까지 다양하기 그지없다. 사신이 없다 해도 충분한 얘깃거리를 가지고 있으니 이 배경은 사실, 사신과는 다소 무관하게 자신들끼리의 '연대'를 중시하고 있는 모양새다. 그들의 규칙적인 나열에는 사신을 위해 자리를 비워두었다거나 하는 느낌이 없다. 마치 벽지로 빈 벽을 마감하듯, 그 위에 그려질 대상이 사신이든 또는 그 누구이든 크게 관계치 않겠다는 태도다.

이래도 괜찮은 걸까. 네 벽의 주인공은 분명 사신일진대. 하지만 사신의 태도 또한 그렇다. 크게 문제 삼지 않겠다는 듯, 자신의 비상飛翔에 집중하고 있는 형세다. 그만큼 자신이 있다는 이야기겠다.

애써 진파리와 비교해보지 않더라도, 집안 지역의 사신은 앞서의 사신들과는 정말 다르다. 무덤 전체의 색조를 따라 청룡도 백호도 붉은빛

오회분 4호묘 천장석의 황룡 | 이처럼 천장석에 황룡을 그려 넣기도 하였는데 음양오행설에
따라 왕릉에 대한 격식을 갖춘 것이라 한다. 오회분 4호묘 외에 통구 사신총, 강서대묘의 천장에도
황룡이 등장한다.

으로 출렁이던 진파리의 사신과는 완전히 달라진 것이다. 사신에 어울
리는 색채감. 사신의 형상으로 보아도 '날씬한' 몸이라기보다는 '힘찬'
기운이 느껴지는 정도가 되었다. 남벽의 주작을 암수가 구분되는 색으
로 각기 달리 표현했으며, 동벽과 서벽의 청룡과 백호에게서도 그 특징
이 제대로 드러나 있다. 이름 그대로의 용처럼, 호랑이처럼, 그렇게. 다만
북벽의 현무에 이르면 너무 나가버렸다는 생각이 든다. 거북과 뱀이 엉
켜 한 몸을 이룬 상상 속의 현무를, 볼륨감을 살려 기운차게 표현한 것
까지는 괜찮았는데 뱀의 목이 지나치게 꼬여버린 것이다. 특히나 오회

분 5호묘 현무로 보자면 스스로는 도저히 매듭을 풀 수 없을 정도이다. 단순화를 넘어서는 일이 이처럼 어려운 것이었을까. 여기까지 온 현무가 다음 무덤에서 어떤 식으로 그려지게 될는지.

이처럼 오회분 4·5호묘의 배경은 통구 사신총의 그것과도 제법 다른 것이었다. 그렇다고 해서 통구 사신총을 진파리1호분과 같은 분위기로 분류할 수 있겠는가. 그렇지는 않다. 오히려 집안 지역의 세 무덤이, 배경에서의 거리감에도 불구하고 대단히 유사해 보인다. '첫 인상'을 이야기하자면 형제를 보는 것 같은 정도로 비슷한 이미지다. 무엇 때문일까. 저마다 다르게 배경을 맞이했어도 결국 달라지지 못했던 것은 바로 채색의 방식이었다. 하나의 '양식'을 형성한다고 해도 좋을 만큼의 유사성이 있는 것이니, 이 독특한 색채감이야말로 평양 지역과의 차별성이라 보아도 좋겠다.

이건 집안 지역의 사신도무덤이다, 라고 말할 수 있을 만한 첫 번째 특징이기도 한 그들의 색채는 그저 화려함이라 잘라 말하기엔 좀 부족한 묘한 신비로움이 더해져 있다. 붉은빛에 의존하면서도 그 농담을 고려했던 진파리와 전혀 다르게, 집안 지역의 사신도 무덤은 짙은 원색을 선호했다. 단청을 칠해놓은 듯한, 그 정도의 원색 배열이다.

문제는 이 화려한 원색이 주인공의 전유물이 아니라는 데 있다. 통구 사신총까지야 그렇다 쳐도, 오회분 4·5호묘에 이르면 난처한 상황이 되어버린다. 전혀 사신이 설 자리를 고려하지 않았던 그 배경이, 색채에 있어서도 조금도 양보할 생각이 없었던 것이다. 사신과 배경이 똑같은 강도의 색감으로 겨루고 있는 형세다. 긴장감이 흐르는 상황. 이대로는 더이상 참기 어렵다고, 사신 스스로 무언가 결단을 내려야 할 순간이다.

집안에서는 결국 여기까지였지만, 그 결단의 결과는 다시 평양 지역에서 찾게 된다. 강서대묘. 벽면의 장악력에 대해 호평을 받기 어려웠을 집안 사신도 무덤의 고민을 잘 알고 있었다는 듯이, 강서대묘의 사신은 전혀 새로운 방식을 제안하게 된다.

이제 평양으로 넘어가야 할 시점인데, 아직 무언가 남아 있다. 네 벽을 살피느라 미처 올려다보지 못했던 그곳. 사방에 사신을 그려 넣고도, 또 하나의 용을 천장석에 그려 넣은 무덤이 있었던 것이다. 통구 사신총과 오회분 4호묘. 이처럼 천장석에 황룡黃龍이 그려진 배경사상을 음양오행설陰陽五行說로 해석, 이러한 무덤을 왕릉으로 분류하기도 한다. 흥미로운 점은 집안 지역에 사신도 무덤이 조영되던 시기가 이미 평양으로 수도를 옮기고도 한 세기를 넘은 시점이라는 것이다. 옛 수도에 여전히 왕릉이 조성되기도 했다는 사실로 미루어 보자면, 집안은 그저 추억 속의 옛 수도는 아니었다는 말이다. 그럼 무엇인가. 또 하나의 문화적 '중심.' 왕릉이 조성된다는 것이 한두 달 밤새워 해결될 문제는 아니지 않은가. 사전의 계획과 준비, 그리고 그만큼의 의지와 실천이 필요하다. 게다가 이곳에 조성된 왕릉이 이곳의 질서를 따라 '집안식' 사신도 무덤을 택했다는 것도 오래도록 생각이 머무는 지점이다. 중앙의 질서도, 무덤의 질서 앞에서는 이처럼 무력한 것일까.

강서대묘, 배경과 결별하다

배경 이야기로 돌아가 보자. 남북조 시대의 유행을 받아들인 후, 장식 문양으로 변모해나간 사신도 무덤의 배경. 무언가 변화를 기대하는 이들은 다시 수도 평양으로 눈을 돌리게 될 것이다. 우리에게 남은 것은 바로 강서군 우현리의 두 벽화고분, 대묘와 중묘이다.

강서대묘 이전의 사신도 무덤과 그의 차이는, 보기에 따라서는 결정적인 무엇이 있다고 말해도 좋을 정도다. 강서대묘 벽화의 주인공이 힘겨룸을 벌인 대상은 앞 시대의 선배들과는 다른 차원의 것이었다. 인물 풍속이냐 사신이냐 같은 주제의 문제도 아니었으며, 배경을 어떤 형식으로 배치할까 하는 문제도 아니었다. 자기 안에서의 은밀한 몸부림이랄까, 내겐 그렇게 보인다. 그에게는 주인공을 돕겠다고 나선 배경마저도 성가신 존재였다. 강서대묘의 사신이 진정 원했던 것은 자기만의 완벽한 공간이 아니었을까. 오직, 네 신수만을 위한 묘실의 네 벽. 지금까지의 누구도 꿈꾸지 않았던, 전혀 다른 차원의 소망이다.

강서대묘의 네 벽은 고요하다. 사신 이외의, 그 누구도 엄숙한 이 순간을 방해하지 않는 공간. 무거운 침묵이 그들의 존재감을 더욱 두드러지게 만드는, 그런 공간. 사신만으로 충분한 까닭이다.

배경을 정리해내는 과정은 생각만큼 쉬운 일은 아닐 게다. 자신만의 힘으로 모든 평가를 견뎌내야 한다. 그런데 많은 이들이, 아니 이 벽화를 보았던 거의 모든 이들은 이야기한다. 강서대묘의 이 벽화야말로 고구려 회화의 정수를 보여주는 최고의 것이라고. 배경의 도움 없이도 그는 잘 해낸 것 같다. 어쩌면 도움이 없었기에 가능한 일이 아니었을까.

고구려 무덤의 전체적인 성격이 '단순함' 쪽으로 진행되는 것은 우리가 알고 있는 바와 같은데, 강서대묘로 말하자면 그 단순함이 어떻게 아름다움까지 얻을 수 있는가를 보여주는 생생한 사례다. 묘실은 오직 현실 하나. 앞서의 사신도 무덤들처럼 역시 단실분의 형태이다. 단순함이 부족함으로 다가오지 않으려면 방법은 그것이다. 질 좋은 재료로 승부하는 것. 명품 전략을 생각하면 된다.

벽화가 그려진 어느 무덤인들 돌로 지어지지 않은 것이 있겠는가. 하지만 강서대묘는 돌 위에 별도의 회장灰粧을 하지 않고 돌의 속성, 그 색과 결을 그대로 드러낸, 대단히 특별한 무덤이다. 집안 지역의 사신도 무덤들도 돌 위에 직접 벽화를 그리는 방식을 택한 점은 같다. 하지만 그들이 '돌'을 대한 태도는 앞서의 회벽화 무덤들과 근본적으로 다르지는 않았던 듯하다. 분명 돌 위에 직접 그리기는 했으나, 여전히 그 벽면을 캔버스로 대했을 뿐이다. 강서대묘의 생각은 달랐다. 그 캔버스, 즉 돌 자체를 하나의 배경으로 받아들인 것이다.

이처럼 벽면을 전혀 새로운 눈으로 보게 된 이유는 무엇일까. 물론, 그 벽면을 구성한 '돌' 자체가 충분히 그럴 만했다. 양질의 대형 석재를 그토록 정성스레 다듬어 쌓았으니 애써 무언가로 그 위를 덮지 않아도 괜찮다는 거다. 하지만 이것이 이유의 전부일 수는 없다. 본질적인 이유는 벽화 속에서 읽어야 하지 않을까. 이건 상대가 아닌, 내 안에서의 변화다. 벽면이 아닌, 사신의 변화라는 이야기다.

강서대묘의 사신은 배경이 없는 것이 낫다고 생각했다. 벽면의 질감, 그 무게감 있는 고유한 색만으로도 충분했던 것이다. 자신의 형상에 집중하기를 원하는, 존재감이 두드러지는 주인공의 자태. 네 벽을 둘러보라. 이 정도라면 그럴 만하지 않겠는가. 이 묘실의 아름다움을 살리는 길이 곧 자신을 살리는 길이다. 그는 자신이 있었을 뿐 아니라, 무엇이 더 나은 선택인지도 잘 알고 있었다.

묘실이 달랑 하나뿐이라고, 누구도 그 모자람을 이야기하지 못할 것 같다. 말처럼 쉽지 않은 것이 바로 그 '단순함의 미학' 아닌가. 언뜻 고고해 보이는 선택이지만, 자칫 허전함으로 아쉬울 수 있는 길이다. 게다가 이번 과제는 묘실 벽화다. 충분한 합의 과정이 필요하다. 묘주와 그의 후손, 그리고 당시의 장의葬儀 예술을 포함한 문화적 배경에 이르기까지, 당사자가 꽤 여럿인 셈이다. 다행히, 누구도 비토를 놓지 않았다. 결과는 성공이라 말하기에도 멋쩍을 만큼 대단한 것이었다.

사신도의 새로운 세계를 열다

강서대묘의 현실, 먼저 남쪽에서 시작해보자. 남벽의 주작은 역시 한 쌍으로 그려졌다. 마주 보고 선 이 둘은 합체하면 원이라도 그려낼 듯 꽁지를 하늘까지 치켜 올린 모양새다. 붉은색과 적갈색으로 강렬한 빛을 뿜어내는 불새. 특히나 긴 꽁지의 중심을 이루는 선홍빛이 눈부시다. 몸체에는 띠를 그려 넣듯 차곡차곡 색을 쌓아 올렸다. 두 날개를 흠씬 편, 탄력 넘치는 아름다움이다.

한데, 저 아래 주작의 발밑으로 산봉우리가 보인다. 원근의 색채감을 잘 살려 짙고 옅게, 색의 조화를 고려한 흔적이 역력하다. 무용총 수렵 장면을 장식했던 그 도안화된 산세에서 한발 나아간, 실제감을 고민한 모습으로 보인다. 하지만 진파리나 집안 지역 사신도와 달리, 배경과 결별하기로 했던 강서대묘. 이 산의 등장은 무슨 연유인가. 아무래도 배경을 포기하기 어렵다는 생각이었을까.

그렇게 보인다면, 그렇게 볼 수도 있다. 다만, 앞서의 '배경'을 이야기하던 시점을 잠시 떠올려보고 싶다. 하늘을 떠다니는 구름과 꽃송이…… 그들은 거의 문양으로서의 임무를 수행하고 있었다. 사신의 상승하는 이미지를 돕기 위해 그 빈 공간을 채워준 것이다. 이미 사방 연속 무늬로 변형된 다음은 더 말할 것도 없다. 역할로 보자면 강서대묘 남벽, 주작 아래로 펼쳐진 산봉우리와는 근본이 다르다는 말이다. 문제의 이 산이 빈 벽을 장식하기 위한 문양은 아니지 않은가. 그 산은…… 산이다. 풍수적으로 부족한 남쪽의 기를 보강하기 위한 대안이든, 천상의 새 아래로 펼쳐져 있는 구체적인 풍경이든. 그것이 무엇이든, 존재 이유가 앞서의 배경과는 전혀 다른 데 있는 것이다.

다시 눈을 옆으로 돌려본다. 동벽, 강서대묘를 최고의 벽화무덤으로 떠오르게 만들어준 바로 그 청룡. 지금까지 보아왔던 고구려 묘실의 수

많은 청룡들과는 분명 다른 단계에 접어들었다. 어디가 그렇게도 달라진 걸까? 이나저나 청룡이 청룡인 것인데.

　아무래도 그동안 우리가 보아온 청룡은 이 부분이 불안했었다. 정말 그가 청룡으로 보였었는지? 색채까지는 양보한다 치자, 시대가 아직 시대인 만큼. 이 시대의 청룡에게 온전히 푸른색을 요구한다는 건 주변 상황을 고려하지 않은 조금 태평한 소리다. 앞 시대 청룡의 형상을 보라. 용의 이미지에 주력하는 것만으로도 작은 일이 아니었다. 청룡이, 상징성이 아닌 이미지로서 그 이름만큼의 포스를 지녔는가. 솔직한 이야기로, 이름값을 하고 있느냐고 묻고 싶다는 것이다.

　강서대묘에 이르러서야 그 물음에 당당한 청룡을 만나게 된다. 자신감 있는 자세부터가 달랐다. 무엇보다도 지난 시절, 하염없이 길고 그저 가늘기만 했던 몸체가 균형을 찾았으니 적당히 살이 오른, 단단한 몸매가 일품이다. 특히나 앞으로 내어 민 가슴 부분의 탄력 있는 선에서는 긴장감이 느껴질 정도인데 출렁이듯 몸매를 관통하는 이 선은 찰랑, 하늘을 향해 꼬리 끝을 튕겨내고 있다. 볼륨감 없이 몸통의 굵기 변화를 큰 문제로 생각하지 않았던 앞 시대 청룡들과의 차이가 두드러지지 않은가. 상체 부분에서 느껴지던 부피감을 점차 맵시 있게 줄여나가 꼬리에 이르러 날렵하게 마무리한 솜씨다. 멋지게 비상할 수 있을 듯한, 진정한 청룡의 모습이다.

　비상을 위한 청룡의 무기는 날렵한 몸체만은 아니다. 두 날개가 비상을 돕고 있다. 불길처럼 길게 뿜어 나온 혀 또한 분위기를 고조시키는

강서대묘 주작 | 한 쌍의 주작이 마주 보며 원을 그리듯 양 날개를 펼치고 있다. 꽁지까지 치솟은 붉은색의 찬연함이 불새의 기운으로 타오른다.

데, 그 붉은 기운에 힘을 보태듯 날개 또한 선명한 빨강으로 날아오른다. 청룡과 붉은색. 색채의 문제를 생각해봐야겠다. 청룡이 지니고 있어야 마땅할 푸른색은 어느 정도의 무게로 드러나고 있는가. 그 시대에 이야기하는 청靑은 범위를 제법 넓게 가져야 하는 색이다. 현대적 색채감으로 풀자면 파랑(blue)만을 생각하기 쉽지만, 사실 녹(綠, green)을 모두 포함하고 있는 것이다.

그 이전의 청룡들은 말할 것도 없거니와 강서대묘의 청룡 또한 현대적 색감으로 이야기하는 파랑은 사용하지 않았다. 아니 사용하지 못했다. 자연에서 색을 취해 사용하던 당시 고구려에는 광석에서도, 흙에서도, 식물에서도 그 빛깔을 얻을 수 없었던 것이다. 그렇다면 청룡의 '청'은 녹색으로 읽는 것이 순리일 것 같다. 녹색이라면 녹청이나 녹토에서 얻을 수 있는, 이미 4세기의 안악3호분 때부터 흔히 쓰이던 색채 아닌가. 바로 청룡의 몸체 중앙을 관통하고 있는 그 색이다.

그렇다 해도 청룡이 푸른빛만을 띠고 있는 것은 아니다. 빨강과 노랑, 갈색에 흰색까지 함께한 다채로운 색감이다. 하지만 들떠 있는 화려함은 아니다. 용의 비늘을 그려 넣은 먹색이 이들 모두를 차분하게 묶어준다는 느낌이랄까. 배경이 되어준 돌벽 위에서, 몸을 떨쳐 날아오를 듯한, 신수의 전형. 아름다운 청룡의 탄생이다.

그의 맞은편, 서벽의 백호 또한 새로운 탄생이라고 불러도 좋을 만한 존재감이다. 무엇보다도 서쪽을 상징하는 '백白'의 의미에 무게를 둔, 진짜 백호다. 전체적인 형상으로 보자면 맞은편의 청룡과 멋진 대응을 이루고 있다. 두 개의 뿔과 날개를 지닌 것은 물론, 앞으로 힘차게 내어 민 상체에서 느껴지는 생동감이 닮아 있는데, 심지어 그 표정까지도. 하긴 오랜 시간을 함께 걸어온 친근한 짝이 아니던가. 백호의 꼬리 또한 리듬을 타면서 물결을 치며 하늘을 향해 힘 있게 꺾어 올린 모양새다.

다만, 색채 사용만큼은 다른 길을 택했다. 다양한 원색으로 깊이 있는 화려함을 추구한 청룡과 달리, 백호 쪽은 색채 사용에 꽤나 신중하다. 백색의 몸체를 붉은색 외곽선으로 감싸고 있으니, 백색을 기본으로 붉은색의 도움을 받은 정도였을 뿐이다. 날개만큼은 선명한 붉은색으로 포인트를 주었다. 단순하면서도 깔끔한 색의 대비. 단색의 아름다움을 생각하게 하는 부분이다. 몸의 양감을 잘 살려낸 것이 또 다른 효과라면 효과일 것 같고. 수호신의 격조를 갖춘, 그런 백호가 창조된 순간이다.

동벽의 화려함과 서벽의 단순함. 이것이야말로 강서대묘가 추구한 또 다른 경지가 아닐까. 묘실 전체의 조화를 고민하고 있다는 느낌이다. 남아 있는 벽면을 본 다음 이 부분에 대한 이야기를 이어가야겠다. 마지막 북벽 앞이다. 늘 그랬듯, 이번에도 현무 쪽에 바짝 신경이 쓰이는 건 어쩔 수 없다. 통구 사신총에서 제법 갈증을 풀었던 기억이 있기는 하다. 쏟아지는 구름 문양에 어울리는, 대단히 파워풀한 현무의 형상. 거친 숨소리가 들릴 듯, 힘이 넘치는 그런 모습이었었다. 그렇다면 강서대묘에선 어떤 모습을 보여주게 될까. 보다 힘찬 모습이었을까. 그렇게 보이지는 않는다. 추구하는 방향이 달랐다는 편이 옳겠다.

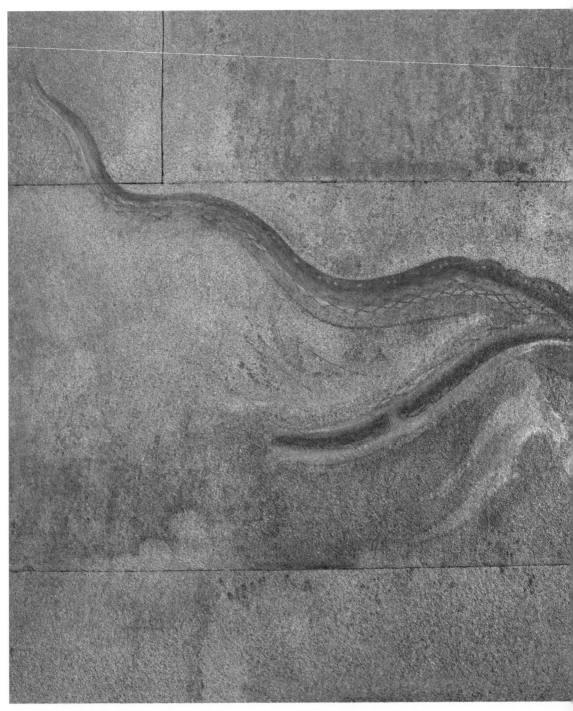

강서대묘 청룡 | 벽을 박차고 날아오를 듯, 탄력 넘치는 긴장감이 감돈다. 깊이 있는 색감으로 더욱 감동적인, 청룡다운 아름다움의 탄생이다.

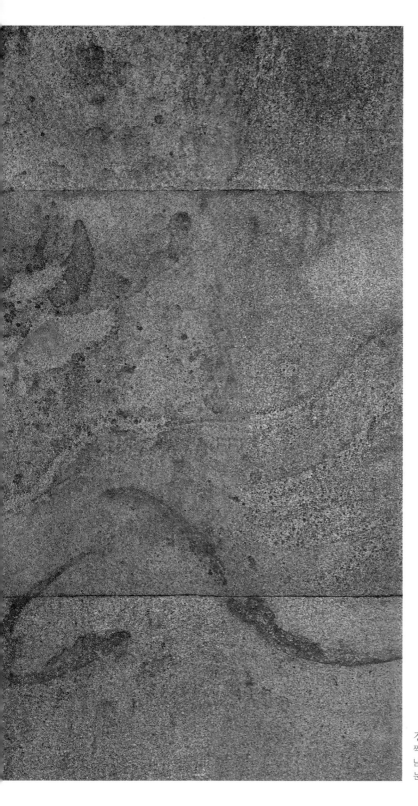

강서대묘 백호 | 맞은편의 청룡과 멋진 짝을 이룬 백호 또한 신수로서의 격조가 남다르다. 백색과 빨강의 선명한 대비가 눈이 시리도록 선명하다.

강서대묘 현무 | 안정감 있는 구도에 침착한 색조가 북방신으로서의 무게를 제대로 살려내고 있다. 현무의 존재감이란 정녕, 이런 형상이어야 한다.

강서대묘의 사신은 그저 '발전한' 것이 아니다. 주작도, 청룡도, 백호
도 전혀 '다른' 아름다움을 지닌 존재들이었다. 현무는, 정말 그랬다. 늘,
좀 걱정스럽게 보게 되는 현무. 다른 신수에 비해 늦었던 출발, 북벽이라
는 힘든 조건, 형상화에 있어서도 기준이 될 만한 선배가 좀처럼 등장하
지 않았던, 그 현무.

강서대묘 벽화 최고의 전략은 바로 배경을 걷어내었다는 점일 터인데,
과연 남·동·서의 세 벽면에서 매우 근사한 결과를 얻은 것이 사실이다.
그리고 북벽에서는 말 그대로 완벽한 결과를 낳게 되었다. 뱀과 거북이
하나가 된 현무는 그 자신만으로도 충분히 복잡한 형상이니, 어지간한
배경을 채워봐야 기본을 하기도 어렵다. 앞서의 예들을 보지 않았는가.
배경 없이 홀로 빛을 내는 현무라면, 할 수 있는 모든 걸 해보아도 좋지
싶다. 그것이 화려함이든, 역동감이든, 혹은 새로운 도상의 시도이든. 하
지만 강서대묘의 현무는 의외로 담담하기만 하다.

중심을 이루는 거북의 몸체는 가로로 긴 타원형으로 안정된 형태를
유지하고 있다. 아니, 둥글기보다는 제법 각이 진 네모에 가깝기도 한데
마냥 둥글게 부풀어 있던 귀갑은 아닌 셈이다. 조금 더 차분하게 무게를
갖춘 듯하다. 길짐승처럼 네 다리를 힘차게 버티고 있는 거북. 화면의 기
준을 잡아줄 만한 단단한 자세이다.

이 몸통을 중심으로 거북의 목은 오른쪽으로 틀어 위로 빼는가 했더
니, 힘차게 원을 그리며 뒤를 돌아본다. 그곳에서 기다리고 있는 것은 한
마리 뱀. 거북의 등을 한 바퀴 둘러 감은 뒤, 머리는 앞쪽으로 큰 원형을

만들면서 거북의 머리를 마주 보고, 뒤쪽으로 원을 그린 꼬리는 다시 머리 부분을 휘감으며 물결을 친다. 전체적으로 안정감 있으면서도, 율동감을 잃지 않은 화면 구성이다. 중앙에 사각을 그려 넣고, 그 주위로는 크고 작은 원형을 배치하는 균형 있는 감각을 보여주었던 것이다. 둘이되 하나인 이 신수의 표정 또한 좋았다. 둘은 마주 보며 입을 잔뜩 벌리고 서로를 위협하듯 으르렁대는 중이다. 묘실을 지키는 신수가 택할 수 있는 분위기는 사실 그리 많지는 않을 터인데. 사납거나 기괴스럽다는 느낌과는 다른, 품위 있는 위엄을 지니고 있지 않은가. 이것이 강서대묘 현무의 지향점이다. 현무만이 아니다. 강서대묘 사신도의 지향점이 바로 이것이다.

색채 또한 차분히 가라앉아 있다. 전체적으로 적갈색 톤을 유지하는 현무는 화강암 벽면에 어울리는, 답답하지 않은 무게감이 돋보인다. 위엄 있는 형상을 제대로 드러내 줄, 그런 색을 고민한 결과가 아닐까. 네 벽을 지키는 사신은 이렇듯 북벽의 현무에서 완벽하게 마무리되었다.

강서대묘 벽화의 빼어남을 회화적 아름다움만으로 이야기할 수는 없다. 무엇보다도 전략이 탁월하다. 네 벽은 각각을 떼어 보아도 아름답지만, 그 전체를 함께 볼 때 진정 아름답다. 때론 화려하게 때론 담백하게. 때론 복잡하게 때론 단순하게. 네 벽의 고민이 한데 어울려 '강서대묘 사신'으로 탄생한 것이다. 게다가 네 벽에 사신만으로 주제를 강조한 것도 남다른데, 그 때문에 놓쳤던 자잘한 이야기들은 천장으로 끌고 올라가는 기지를 발휘하기도 하였다. 천장으로 눈길을 돌려보라. 신선에서 보살, 다양하게 변주된 연꽃 문양들에 이르기까지, 섬세하고 다채로운 아름다움으로 가득하다. 이 사려 깊은 소밀疏密의 안배로 인해, 네 벽과 천장은 이처럼 저마다의 자리에서 빛을 발하고 있다.

대묘까지 왔으니, 그 곁에 나란한 중묘에 대해 한마디 덧붙이지 않을 수 없겠다. 많은 것이 대묘를 닮은 이 무덤. 규모가 조금 작고 스타일이 얌전해졌을 뿐이건만 오직 현무만이 제법 거리감을 느끼게 한다. 너무도 웅장한 대묘의 것을 보고 난 직후, 아직 일상적인 시력을 회복하지 못했기 때문일까. 그건 아니다. 진파리나 집안의 것들과 나란히 놓고 보더라도 중묘의 현무는 누구 하나 닮은 이가 없다. 상상 속의 신수라 하기엔, 그는 너무 답답한 옷을 입고 섰다. 대묘의 절정이 살짝 매너리즘으로 흐른 결과라는 해석에 기대보는 수밖에. 하지만 나머지 세 벽의 신수들은 여전히 제 몫에 충실한데 유독 현무만이 먼저 다른 길로 접어든 이유는 또 무언지. 변화의 핵심을 쥐고 있는 북벽이 떠맡지 않으면 안 되는, 태생적인 운명 때문이었을지도 모르겠다.

고구려 고분벽화, 절정에서 산화하다

고구려 고분벽화의 마지막 장면 앞에서 여전히 궁금한 것이 하나 있다. 묘실에 사신을 그려 넣는 일은 고대 동아시아 문화의 많은 것들이 그러하듯, 중국에서 시작된 것이다. 이미 4세기 초에 중국 무덤에서는 그

강서대묘 천장 벽화 | 네 벽을 사신만으로 간결하게 마무리한 강서대묘. 천장에는 이처럼 연꽃과 비천을 비롯한 여러 소재들이 아기자기하게 그려져 있다.

형식을 완전히 갖춘 사신도가 그려진 예가 있으니 여기까지는 의아할 것이 없다. 그런데 유독 고구려에서, 묘실 전체의 주연으로 사신의 지위가 격상되는 것은 무엇 때문일까.

고구려 벽화의 영향을 받은 것으로 거론되곤 하는 일본의 다카마쓰즈카高松塚만 하더라도, 사신은 인물풍속과 어울리는 정도로 자리하고 있다. 8세기 무렵으로 편년되는 다카마쓰즈카의 벽화 주제가, 이미 고구려에서는 사라져간 5세기 식의 구성을 보여주고 있는 셈이다. 장의 미술이라는, 좀처럼 변하지 않을 것 같은 보수적인 장르의 의례적인 수용으로 생각할 수 있겠다. 그렇다면 6세기, 문득 고구려만이 자신의 독자적인 길로 들어선 배경은 무엇인가. 좀처럼 온전한 답을 낼 수 없는 묘실 속 이야기들.

분명한 것은, 고구려가 이웃 문화의 영향에서 어느 정도 자유로운 자신만의 회화를 찾았다는 점이다. 더욱 다행스러운 것은 고구려의 벽화가 이 시대, 이처럼 찬란한 사신도 벽화에서 최후를 맞이한다는 사실이다. 절정에서 산화한다는 건 아무에게나 주어지는 결말은 아닐 터. 아름다운 그에게 맞춤한, 그런 마지막이다.

벽화고분 이력서

이 책에 등장하는 20기의 고구려 벽화고분

1. 안악3호분 安岳3號墳

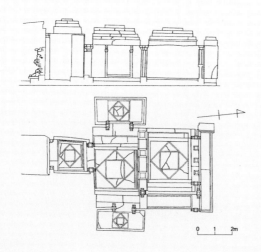

0 1 2m

위치: 황해도 안악군

출생: 357년

발굴상황: 1949년, 광복 이후의 첫 대형 고분 발굴로 유명하다.

이름의 유래: 안악 지역의 세 벽화고분을 순서대로 1, 2, 3호분으로 칭한 것이다. 묵서의 내용에 의거하여 '동수묘'라 불리기도 하였다.

교우관계: 안악 지역에서 나란히 발굴된 1호분, 2호분이 있다.

묘실구조: 전실, 전실 동서 방향으로 딸려 있는 측실, 현실, 현실을 동북쪽으로 둘러싼 회랑을 갖추고 있다. 양실분으로 진행되기 이전의, 다소 복잡한 초기 고구려 벽화고분의 묘실 구조를 보여준다. 천장은 삼각고임식으로 축조되었다.

시선집중: 묘실 안의 명문으로 인해 357년이라는 무덤 축조 연도를 알 수 있게 되었다. 고구려 벽화고분 가운데 이처럼 정확한 연도를 알 수 있는 무덤은 단 두 기에 불과하다. 벽화고분 편년 설정에 결정적인 역할을 하는 무덤으로 발굴 당시부터 학계의 큰 주목을 받아왔다. 또한 무덤 명문 가운데 나오는 '동수冬壽'

가 묘 주인인가, 아닌가로 뜨거운 논쟁을 불러일으키기도 하였다.

벽화 보존상황: 연도와 회랑의 벽화들 일부가 훼손되기는 했으나, 전체적으로 그 상태는 양호한 편이다.

벽화의 내용:

벽화는 무덤 입구인 연도에서 시작되는데, 특히 전실에 딸린 두 개의 측실을 효과적으로 활용한 점이 두드러진다. 서측실에는 이 무덤의 주요 화제인 신격화된 묘주 부부의 초상을 선명한 색감으로 그려내었다. 동측실에는 마구간·외양간과 차고, 푸줏간과 부엌, 우물과 방앗간을 차례대로 그려내어 집 안의 구조와 생활을 상세히 설명해주는 듯한데, 당시의 풍속을 그대로 보여주는 장면으로 손색이 없다.

현실을 둘러싼 회랑 벽면에 넓게 펼쳐진 대행렬도는 고구려 벽화 가운데 그 규모가 가장 거대한 장면으로 주목을 끈다. 현재 회랑의 북벽은 박락이 심한 상태이지만 동벽의 행렬만으로도 장관이어서 묘 주인 생전의 대단했던 권력을 그대로 반영하고 있다.

일반적으로 고구려 벽화고분의 천장에는 천상의 세계가 그려진다. 안악3호분의 천장 또한 해와 달, 구름무늬 등 천상의 세계와 연꽃무늬로 장식되었는데, 이는 당시의 천신天神 사상을 반영한 것으로 보인다. 특히 해와 달이 전실 천장 가운데에 나란히 배치되어 있는 점이 독특하다.

이처럼 전형적인 인물풍속의 주제를 그려낸 안악3호분은 벽화 안에 담고 있는 내용이 풍부하여 초기 고구려 벽화의 기준을 제시해주는 무덤으로서 그 의미가 매우 크다.

2. 덕흥리 벽화고분 德興里壁畵古墳

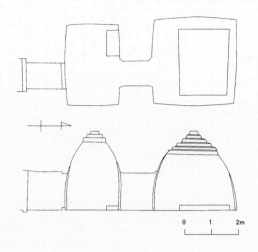

0   1   2m

위치: 평안남도 대안시 덕흥리

출생: 408년

발굴상황: 1976년 8월에 발굴되었다. 안악3호분 발굴 이후 최고의 벽화고분 발굴 성과로 주목받았던 무덤이다.

이름의 유래: 무덤이 위치한 지역명을 따라 이름한 것이다.

묘실구조: 전실과 현실을 갖춘 전형적인 양실분으로 남향으로 지어졌다. 다실분에서 단실분으로 옮겨 가는 고구려 벽화고분의 특성을 잘 보여준다. 전실 천장은 안으로 좁혀 들어가는 궁륭형으로 지어졌으며, 현실 천장은 파손되었으나 전실과 유사한 형식이었을 것으로 짐작된다.

시선집중: 묘실 내부의 명문에 의해 영락永樂 18년(408)이라는 무덤 조성 연대를 확실히 알 수 있는데, 그 명문의 내용 또한 고구려 역사의 한 장을 살피게 해주는 역사적 사료로서도 가치가 높다. 100여 기에 이르는 고구려의 벽화고분 가운데 유일하게 묘 주인의 이름이 명확하게 밝혀진 예로 더욱 유명하다.

벽화의 보존상황: 박락과 누수로 인해 손상된 부분도 있으나, 대체적인 보존 상태가 양호하여 전체적인 내용을 살펴보기에 무리가 없다.

벽화의 내용:

전실에는 묘 주인의 초상과 함께 그를 향한 13태수 배례도拜禮圖, 웅장한 행렬도 등, 생전에 있었던 공적인 사건을 그려내었다. 전실 북벽 왼쪽에 주인공의 초상화가 그려져 있으며, 그 오른쪽인 서벽에는 13군 태수들이 북벽의 주인공을 향하여 상하로 늘어서 있다. 태수들이 유주관아에 내조(來朝)하여 자사 부임의 축하 인사를 올리고 사업보고를 한다는 내용을 담고 있는 명문이 함께 전한다. 동벽에는 행렬도가 그려졌다. 명문에 의하면 묘 주인인 유주자사가 유주의 소재지인 계현 현령의 영접을 받는 행차라고 한다. 안악3호분의 행렬에 비하면 규모가 축소되었는데, 이는 주인공의 신분에 따라 행렬의 인원과 구성 등이 다르기 때문이다.

현실에는 가내 생활의 이런저런 장면을 그려내었다. 현실 벽화의 중심 화제는 북벽에 그려진 묘 주인의 실내생활도이다. 그런데 평상 위에는 서쪽으로 묘 주인만 홀로 등장할 뿐, 부인 초상은 그려지지 않은 채 그 자리만 덩그러니 비어 있다. 현실의 나머지 벽에는 마사희, 칠보행사, 연꽃 등 다양한 이야기가 가득 그려져 있다.

더욱 눈길을 끄는 벽화는 전실 천장의 것으로, 그 내용이 풍부할 뿐 아니라 보존상태가 양호하여 당시 고구려인들의 신앙이나 내세관에 대한 많은 이야기를 전해준다. 일상, 월상과 함께 북두칠성을 비롯한 별자리로 가득한 성좌도에, 상서로운 동물들, 비천상, 견우직녀의 설화에 이르기까지 상상의 세계가 가득 표현되어 있다. 더하여 각각의 인물, 동물상에 그 이름이 적혀 있어서 정확한 도상을 살피는 데 도움이 될 뿐 아니라, 고구려 고분벽화의 천장화가 지니는 상징적인 의미를 밝히는 데에 좋은 자료가 되어준다.

3. 요동성총 遼東城塚

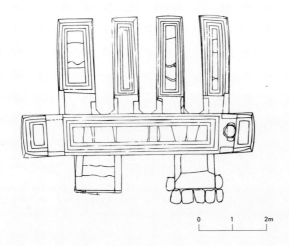

0   1   2m

위치: 평안남도 순천군 용봉리

출생: 4세기경

발굴상황: 해방 전에 발견되었으며 1953년에 재조사되었다.

이름의 유래: 묘실 안에 쓰인 '요동성'이라는 묵서에서 연유된 이름이다.

묘실구조: 묘실은 남향이고, 동서로 긴 전실의 남쪽에는 두 개의 연도가 이어져 있으며, 북벽에는 네 개로 각기 독립된 장방형 관실이 붙어 있다. 전실 좌우 끝 부분은 천장이 각기 따로따로 축조되어 있어 별도의 측실을 의도한 것처럼 보인다. 이러한 무덤 형식은 다른 고구려 벽화고분에서는 볼 수 없는 특이한 형식으로, 3~4세기 중국 요양지방 석실 고분(요양삼도호1호분, 遼陽三道豪1號墳)과 비슷한 구조를 보인다.

시선집중: 벽면에 그려진 성곽도 안의 '요동성'이라는 명문으로 인해 유명해진 무덤이다. 이 묵서는 이 성이 고구려의 것으로, 요동이 고구려의 지배 아래 있었음을 밝혀주는 중요한 자료가 된다. 즉 4~5세기 고구려의 세력 정도를 생각

해보게 한다는 점에서 그 역사적 의의가 높다고 하겠다. '요동'은 중국의 요양지방을 일컫는 말로서 고구려에서만 사용된 지명으로 보이는데, 중국 진한秦漢 시대에는 '양평襄平'이라 불렸다고 한다.

벽화의 보존상황: 박락이 심하고 퇴색되어서 전체 내용을 파악하기는 매우 어려우며, 일부 벽면에 남겨진 벽화의 흔적으로 그 내용을 미루어 짐작할 뿐이다.

벽화의 내용:

벽화는 전실 쪽이 그나마 살펴볼 정도가 되는데, 남벽에 그려진 성곽도를 비롯해서 사신도, 방앗간을 그린 듯한 흔적이 남아 있다. 성곽도는 이 무덤의 벽화 가운데 가장 보존상태가 좋은 부분으로 내성과 외성을 갖춘 성의 모습을 나타내었으며, 그림 내부에 '요동성'이라는 묵서가 쓰여 있다.

전실 서쪽에 그려진 사신도 가운데 주작은 박락되었으며 현무 또한 그 일부만이 남아 있을 뿐이다. 청룡, 백호는 몸이 긴 세장형의 고식적 양식을 보인다. 이는 고구려 고분벽화의 사신도 중에서 가장 이른 시기의 것으로 남다른 의미가 있다. 현실에는 인물상의 단편이 남아 있을 뿐, 나머지 벽면의 벽화들은 대부분 지워진 상태여서 그림의 정확한 내용을 알기는 어렵다.

4. 감신총龕神塚

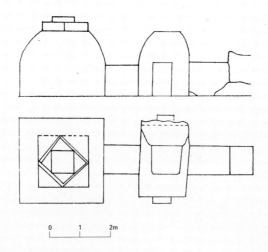

0   1   2m

위치: 평안남도 온천군 신영리

출생: 4세기 말~5세기 초

발굴상황: 1913년에 발굴되었다.

이름의 유래: 감실龕室 안에 그려진 신상형의 인물 벽화로 인해 감신총이라 이름 지어졌다. 발굴 당시에는 천장석에 그려진 연화문에 주목하여 대연화총이라 부르기도 하였다.

묘실구조: 묘실은 남향으로 연도, 전실, 통로, 현실로 이루어져 있다. 현실은 정방형이며, 현실보다 작은 크기의 전실은 동서로 긴 장방형으로 동서쪽 벽에 각각 감실이 딸려 있다. 현실 천장은 삼각고임 형식, 전실 천장은 궁륭식으로 지어졌다.

시선집중: 묘주 초상과 현실의 벽화 내용, 장식무늬 등에서 4세기 안악3호분의 특징과 5세기 인물풍속도 무덤의 특징이 함께 나타난다. 즉, 4세기의 초기 벽화고분에서 5세기의 전형적인 인물풍속도 고분으로의 변화 과정을 보여주는 무덤

인 것이다. 전실 동서 벽에 설치된 감실은 안악3호분, 태성리1호분 등의 구조에서 측실이 퇴화된 형식으로, 양실분으로 진행되기 이전의 고식으로 볼 수 있다.

벽화의 보존상황: 벽화는 회벽 위에 그려졌는데, 전반적으로 박락이 심한 편이다. 현실은 부분적인 내용만 확인할 수 있으며 전실 쪽은 비교적 양호한 상태이다.

벽화의 내용:

전실 남벽에는 기마악대와 수레와 무인행렬이, 북벽에는 무릎을 꿇고 있는 세 인물과 세 여인의 행렬이 그려져 있다. 그리고 서벽 윗부분에는 산악과 선인이, 북벽 윗부분에는 측면의 연꽃과 봉황을 그려 넣었다. 천장석에는 활짝 핀 모습의 연꽃을 얹었다.

감실 안에는 인물상과 동·서 벽에 이를 보좌하는 시종, 무인, 여인 등이 그려져 있다. 묘 주인으로 보이는 동벽 감실의 인물상은 자색 도포 차림의 정면 좌상이다. 아랫부분이 박락되어 좌상座床의 형태를 알아볼 수 없으나, 인물 뒤로는 화려한 무늬가 장식된 휘장이 보인다. 묘주인상 좌우와 바깥쪽에도 시종과 시녀들이 배치되어 있다.

서벽 감실 안의 인물상은 얼굴부분이 지워져 묘주인지의 여부는 정확히 알 수 없다. 좌상에는 물결무늬 조각이 장식되어 있어 불상의 대좌처럼 보이는데, 아래에 그려진 연꽃장식은 불교적 색채를 한층 더해준다. 여기에 인물의 손이 나타내는 형태 또한 불상의 손과도 흡사한 점이 흥미롭다.

현실 벽화는 박락이 심하여 상세한 내용은 알 수 없으나, 남은 흔적으로 보아 생활풍속을 그려 넣었던 것으로 여겨진다. 현실 내에서 보존상태가 가장 좋은 장면은 서벽의 수렵도인데 무용총 등에 비하면 매우 간소한 표현으로, 기마 수렵의 모습을 보인다.

북벽의 벽화는 훼손이 심한데, 일부 남아 있는 장방의 형태로 미루어 볼 때, 어느 무덤에서와 마찬가지로 묘 주인의 실내 생활 장면이 그려져 있었으리라 생각된다.

5. 약수리 벽화고분 藥水里壁畵古墳

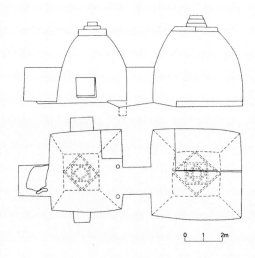

0   1   2m

위치: 평안남도 대안시 약수리

출생: 5세기 초

발굴상황: 1958년에 발굴되었다.

이름의 유래: 지명을 따라 명명되었다.

교우관계: 강서군 삼묘 등 유명 벽화 무덤이 멀지 않은 곳에 자리하고 있다.

묘실구조: 남향으로 축조한 양실분으로 전실과 현실을 갖추고 있다. 전실 좌우에는 감실이 있으며, 전실과 현실 사이는 통로로 이어져 있다. 전실과 현실의 천장은 모두 궁륭식으로 안쪽으로 좁혀 들다가, 천장석 부분을 삼각고임식으로 마무리하였다.

시선집중: 전실에 딸려 있는 감실은 안악3호분과 같은 초기 고구려 벽화고분에서 보이던 측실이 축소되는 과정에서 나타난 형식이다. 약수리 벽화고분의 경우, 감실 안에 벽화가 그려지던 감신총의 것보다도 그 역할이 더욱 퇴화되어, 감실 안에는 벽화가 그려져 있지 않은 채 그저 형식적으로 남아 있음을 알 수 있다.

이러한 묘실구조뿐 아니라 인물풍속도와 사신도가 공존하는 이른 시기의 벽화로도 주목을 끈다. 고구려 벽화고분의 과도기적인 양식을 살필 수 있는 무덤으로 그 위치가 매우 중요하다고 하겠다.

벽화의 보존상황: 무덤은 파손이 심하나, 묘실 안의 벽화는 비교적 양호한 편이다.

벽화의 내용:

두 개의 묘실에 각각 다른 화제를 그려 넣은 독특한 무덤으로, 전실에는 인물풍속의 주제가, 현실에는 묘주 부부의 초상과 사신도가 그려진 것이 특징이다. 전실의 벽화는 북벽의 묘주인상을 중심으로 묘주를 향해 도열한 관리들의 모습이 그려져 있고, 이와 함께 행렬도와 수렵도, 성곽도가 장쾌하게 펼쳐져 있다. 부엌이나 마구간 등 가내 생활 장면 또한 빠지지 않고 담겨 있다.

현실에는 각 벽면 중앙에 기둥과 창방을 묘사하였는데, 벽화는 그 윗부분에만 그려져 있다. 네 벽에는 각기 사신이 자리 잡고 있으며, 특히 북벽의 현무는 무덤 주인 부부상과 함께 그려져 있다. 이는 사신과 인물풍속 장면이 함께 표현되는 무덤들의 공통적인 현상으로, 인물풍속 주제가 대부분 사라진 경우에도 묘주 부부는 현무 옆에 자리하고 있는 것이 일반적이다.

현실 네 벽에 사신도와 함께 하늘 세계가 그려져 있는 점 또한 눈여겨볼 만하다. 일반적으로 천장에 그려지는 도상들이 이 고분에서는 현실 주벽에 자리 잡고 있기 때문이다. 북벽의 북두칠성을 비롯해서 사신 주변에는 여러 별자리들이 등장하며, 이와 함께 동벽에는 일상이, 서벽에는 월상이 각기 표현되어 있다.

6. 각저총 角抵塚

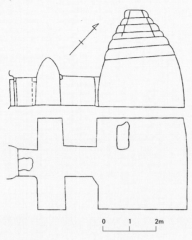

0 1 2m

위치: 중국 길림성 집안현 우산하

출생: 5세기경

발굴상황: 1935년에 묘실 내부에서 벽화가 발견되었으며, 다음 해인 1936년에 자세한 조사가 이루어졌다.

이름의 유래: 벽화의 내용 중 씨름하는 장면[角抵]으로 인한 것이다. '씨름무덤'으로도 불린다.

교우관계: 무용총과 나란히 지어져 있다. 쌍분雙墳으로 보일 정도로 유사한 무덤이다.

묘실구조: 묘실의 방향은 서남향으로, 전실과 현실을 갖춘 전형적인 양실분 형식으로 지어졌다. 천장은 팔각형 받침으로 축조되어 있다.

벽화의 보존상황: 발굴 시에도 이미 벽면 하단 쪽은 습기로 훼손된 상태였으며, 현재는 그 상태가 더욱 심해져 일부 벽화는 알아보기 힘들 정도로 많이 박락되어 있다.

벽화의 내용:

전실의 벽화에는 나무가 그려져 있는데 앞·뒤 벽의 경우 아랫부분이 박락되었다. 좌·우 벽 역시 대칭형의 나무가 한 그루씩, 벽면을 가득 채우고 있다. 나무는 사실적인 표현과는 조금 거리가 있는, 다소 고식적인 표현을 보이고는 있으나 거침없는 선의 표현이 시원스럽다.

전실과 현실을 잇는 통로 벽에는 진묘수鎭墓獸로 여겨지는 동물이 그려져 있다. 사후 세계에서도 주인을 수호하라는 임무를 부여한 듯하다.

현실에는 묘 주인의 삶을 담은 여러 장면이 펼쳐져 있어 인물풍속 벽화로서의 특징을 제대로 보여준다. 씨름 장면은 고구려 고분벽화 중 가장 유명한 장면 가운데 하나로, 당시 생활상의 일면을 엿보게 해주는 벽화로 눈길을 끈다. 이 무덤 벽화의 주제는 바로 현실 뒷벽에 그려진 묘 주인의 실내 생활 장면이다. 이 장면에 대해서는 일상적인 생활의 모습이라기보다, 묘 주인이 두 부인과 이별하는 모습으로 해석되기도 한다.

천장에는 해와 달, 별자리를 그린 후, 나머지 빈 공간에는 구름무늬형의 당초무늬를 채워 넣었다. 동쪽에는 일상, 서쪽에는 월상이 그려졌으며, 북쪽에는 북두칠성을 비롯한 일곱 개 별자리의 모습이 보인다. 방위 개념에 맞추어 하늘 세계를 비교적 정확하게 나타낸 것으로, 당시 천문의 발달 정도를 엿볼 수 있는 점 또한 주목할 만하다.

7. 무용총 舞踊塚

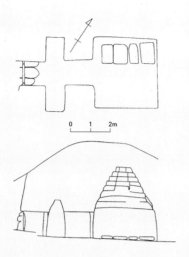

위치: 중국 길림성 집안현 우산하

출생: 5세기경

발굴상황: 1935년 각저총과 함께 발견되었으며, 이후의 발굴·조사 과정 또한 같다.

이름의 유래: 묘실 내에 그려진 벽화 가운데 '무용도'로 인해 이와 같은 이름으로 불리게 되었다. '춤무덤'이라 칭하기도 한다.

묘실구조: 양실 구조의 봉토분이며 묘실의 방향은 서남향으로 조성되었다. 묘실의 형태나 안으로 좁혀 드는 석실 벽, 3단의 받침돌과 5단의 삼각형 받침으로 팔각형을 이룬 천장 축조 등 건축 구조가 이웃한 각저총과 거의 동일하다. 다만 묘실 내부는 무용총이 조금 더 크다.

벽화의 보존상황: 전실 벽화는 발굴 당시부터 훼손이 심한 상태였으며, 현실 쪽은 발굴 이후 벽화가 많이 박락되었다. 당시 남겨진 사진 자료와 비교해볼 때 훼손이 매우 심각한 정도이다.

벽화의 내용:

전실의 벽화는 박락이 심하여 자세한 장면 장면을 살펴볼 수는 없다. 다만, 현재 남겨진 부분들로 볼 때, 묘 주인의 가내 생활 장면이 그려져 있을 것으로 여겨진다. 남아 있는 장면은 대칭형으로 그려진 나무, 연봉으로 지붕 위를 장식한 가옥, 주인공을 포함한 몇 명의 인물 등이다.

현실 벽화 가운데 안벽에 그려진 주요 화제는 드리워진 장방 안에서 주인공이 손님을 접대하는 장면이다. 그 왼쪽 벽에는 수렵도, 오른쪽 벽에는 무용도와 부엌, 앞 벽의 좌우에는 나무가 각각 한 그루씩 배치되어 있다.

특히, 왼쪽 벽에 그려진 수렵도는 고구려 고분벽화 가운데서 가장 널리 알려진 장면으로, 고구려인의 힘찬 기상이 가득한 걸작 가운데 하나이다. 이 벽면의 맞은편인 현실 오른쪽 벽에는 또 하나의 유명한 벽화인 무용도가 그려져 있다. 흥미로운 것은 각 벽면의 그림들이 서로 유기적으로 연결된다는 점이다. 예컨대 무용도 왼쪽의 음식을 나르는 세 여인은, 그 상황으로 미루어 북벽의 접객도로 연결되는 그림으로 볼 수 있다. 벽면을 길게 이어서 그림을 그려 넣었던 것이다.

무용총 현실 천장은 파손된 경우가 많은 다른 벽화고분에 비하여 벽화의 보존상태가 양호한데, 그 내용 또한 매우 풍성하다. 하늘 세계의 온갖 신선들과 설화 속 인물, 사신의 일부와 해, 달, 별자리에 이르기까지 수많은 이야기를 담고 있는데, 특히 사신과 별자리의 배치가 방위를 고려하여 그려진 점이 눈에 띈다.

8. 장천1호분長川1號墳

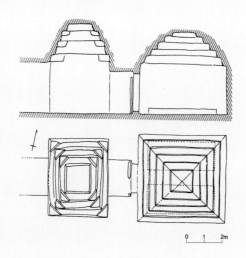

0 1 2m

위치: 중국 길림성 집안현

출생: 5세기경

발굴상황: 1970년에 발굴, 조사되었다.

이름의 유래: 장천고분군에서 발굴된 무덤 가운데 하나이다.

교우관계: 인근에 광개토대왕비를 비롯해서 무용총, 각저총 등 고구려의 무덤과 유적이 많다.

묘실구조: 연도, 전실, 현실을 갖춘 양실분 형태로, 묘실은 동향으로 지어졌다. 천장은 삼각형 받침의 모서리를 맞추지 않는, 변형된 삼각고임 형식으로 쌓아 올렸다

벽화의 보존상황: 회벽 위에 그려진 벽화는 박락이 심한 편으로, 특히 현실 벽화는 대부분 알아보기 힘들 정도이다.

벽화의 내용:

전실로 들어서는 입구인 동쪽 좌·우 벽면에는 두 인물이 무덤을 지키고 섰다. 입구를 향해 서로 마주 보고 있는 이들은 무서운 표정의 문지기가 아닌, 관리의 모습으로 그려진 점이 남다르다.

전실의 네 벽에는 5세기에 유행한 수렵도, 무악도, 광대놀이 등의 인물풍속도가 가득 그려져 있다. 특히 흥미로운 장면은 이 수많은 이야기가 등장하는 북벽의 벽화이다. 묘 주인 생전의 삶 속에서 의미 있었던 여러 사건을 별도의 화면을 분할하지 않고 하나의 벽면 속에 담아내었던 것으로, 북벽 전체를 넓은 화면으로 대했음을 알 수 있다. 벽면의 여러 이야기 사이사이로 분홍빛 연꽃이 흩날리는 점도 독특한 면모다.

전실의 천장에는 받침석에 사신도가 등장하고 있으며, 일상, 월상, 북두칠성, 연꽃무늬, 비천, 선인, 보살 등으로 가득하다. 불교적 색채가 두드러지는 무덤으로서, 주인공 부부의 공양도 가운데 불상이 등장한 무덤으로 더욱 주목을 끌고 있다.

현실의 벽화는 거의 박락되어 남아 있는 그림이 많지 않다. 천장받침에는 만개한 연꽃무늬가 같은 간격을 두고 그려져 있으며, 천장석에는 '북두칠성北斗七星'이라는 글씨와 함께 남두와 북두의 별자리가 표현되었다. 별자리 좌우로 일상, 월상을 배치함으로써 온전한 하늘 세계를 재현하고자 하였다.

9. 삼실총三室塚

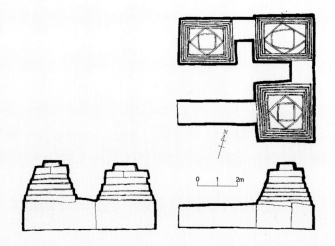

위치: 중국 길림성 집안현 우산하

출생: 5세기경

발굴상황: 1913년에 발굴되었으며, 1936년 인근 고분 발굴 시에 재조사되었다.

이름의 유래: 세 개의 묘실을 갖춘 독특한 구조로 인해 불리게 된 이름이다.

교우관계: 산연화총, 통구 사신총 등 여러 기의 벽화고분이 가까이에 모여 있다.

묘실구조: 3개의 묘실은 ㄱ자형으로 자리를 잡았는데, 연도를 포함하면 전체적으로 ㄷ자형을 이룬다. 연도와 이어진 제1실은 정방형이고, 제2실과 제3실은 장방형이며 각 묘실은 통로로 연결되어 있다. 천장구조는 모두 같은 형태인데, 4~5단의 평행받침을 받친 후, 그 위에 다시 삼각받침을 얹는 형식으로 축조되었다. 이렇듯 세 개의 묘실을 갖춘 예는 고구려 벽화고분에서 찾아볼 수 없는데, 이미 양실분이 주된 형식으로 자리잡아가는 5세기의 벽화고분으로는 매우 특이한

구조를 보이고 있는 셈이다.

벽화의 보존상황: 훼손이 심한 편이어서 부분적으로 벽화의 내용을 살필 수 있다.

벽화의 내용:

제1실은 인물풍속이 중심 화제로, 벽면을 상하로 나누어 벽화를 그려 넣었다. 먼저 남벽을 보면 윗부분에는 묘주 부부의 행렬도가, 아랫부분에는 수렵도가 펼쳐진다. 행렬도는 일종의 나들이 행렬로 보이는데, 묘주 부부 뒤로 시종들이 일렬로 늘어서 있다. 북벽에는 삼실총 벽화 가운데 가장 유명한 성곽도가 그려져 있다. 동벽에는 가옥 안에 그려진 주인공의 모습이, 서벽의 연도 입구에는 두 인물상이 희미하게 보이지만 남은 흔적만으로 자세한 내용을 알기는 어렵다.

제2실과 제3실에는 주로 무덤을 지키는 역사, 신장도가 그려져 있다. 불교적인 요소와 함께 서역의 영향도 엿볼 수 있는 다양한 느낌의 수호신들이다.

천장 벽화는 매우 풍부한 내용을 담고 있다. 제1실의 천장은 대부분 박락되어 버렸으며 2, 3실의 것이 남아 있다. 사신도에 비천, 선인 및 기린, 천마 등이 연꽃무늬와 함께 그려져 있는데 이들 가운데 눈길을 끄는 것은 역시 사신도이다. 현무까지 모두 갖춘 완전한 사신도로 등장하고 있으며, 특히 각 방향에 한 쌍씩을 그려 넣은 점이 여느 무덤과 달라 흥미롭다.

10. 산연화총 散蓮華塚

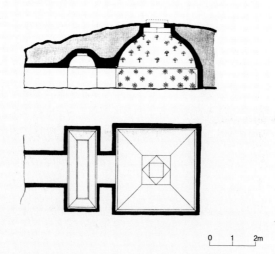

0 1 2m

위치: 중국 길림성 집안현 우산하

출생: 5세기경

발굴상황: 1907년에 처음 발견되었고, 1913년 본격적인 조사가 이루어졌다.

이름의 유래: 묘실을 가득 채운 연꽃무늬 벽화에서 비롯된 이름이다.

묘실구조: 연도와 전실, 현실을 갖춘 양실분으로, 천장은 궁륭형으로 축조되었다.

시선집중: 산연화총은 묘실의 규모나 벽화의 내용이 크게 두드러지지는 않지만, 발굴 배경이 독특한 무덤이다. 본격적인 고분 발굴이 이루어지기 전인 1907년에 집안 지역의 고구려 유적을 탐사하던 프랑스의 학자인 에두아르 샤반느E. Chavannes가 이 무덤 안에서 벽화를 발견한 것이다. 그의 보고서에 이 무덤의 구조와 벽화의 내용을 기록함으로써, 산연화총은 공식적인 문헌에 그 존재가 남겨진 최초의 벽화고분이 되었다.

272

벽화의 내용:

고분의 이름처럼 묘실을 채우고 있는 것은 연꽃뿐이다. 현실 벽면에는 활짝 핀 정면형 연꽃을 그려 넣었으며, 천장받침에는 측면에서 바라본 연꽃으로 채웠다. 이처럼 묘실을 연꽃 등의 문양으로만 장식하는 것은 5세기 집안 지역을 중심으로 한 일종의 유행으로 보인다. 불교적 내세관을 따른 결과라 하겠는데, 연꽃 문양 이외에도 귀갑문, 왕王자문, 동심원으로 묘실을 장식한 무덤들이 등장하기도 하였다.

특히 천장받침에 그려진 측면형 연꽃은 고구려 집안 지역의 독특한 양식으로, 인근의 벽화고분에서 두루 살펴볼 수 있다.

11. 용강대묘 龍岡大墓

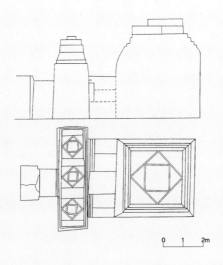

0 1 2m

위치: 평안남도 남포시 용강군 용강읍

출생: 5세기

발굴상황: 1913년에 발굴되었다.

이름의 유래: 무덤의 규모에 주목하여 붙인 이름이다. 발굴 시에는 당시의 지명을 따라 '안성동대총安城洞大塚'으로 불렸다.

교우관계: 인근에 같은 해에 발굴된 쌍영총이 있다.

묘실구조: 남향의 양실분으로 연도, 전실, 현실로 이루어져 있다. 전실과 현실 사이에는 중앙에 통로가 있고 통로 좌우에 감 형식의 공간을 만들었는데, 측실이 축소되어 형식적으로만 남아 있게 된 것으로 보인다. 현실 천장은 3단의 받침 위에 삼각고임 형식으로 축조되었다. 전실은 동서로 긴 장방형인데, 천장을 세 부분으로 나누어 마감함으로써, 마치 세 개의 방이 이어져 있는 듯한 느낌을 준다.

벽화의 보존상황: 벽화의 박락이 매우 심한 상태이다. 전실은 천장 벽화와 남

벽의 일부만을 살펴볼 수 있고, 현실 또한 대부분 손상되어 남벽의 연꽃무늬만을 간신히 알아볼 만하다.

벽화의 내용:

전실과 현실의 각 벽에는 인물풍속을 주제로 한 여느 벽화고분처럼 목조 건축 양식이 그려져 있다. 이를 통해서도 당시 목조 건축의 세부적인 구조를 살필 수 있을 정도이다.

남은 벽화 중 비교적 그 형태를 알아볼 수 있는 부분은 전실 남벽에 그려진 전각도로, 먹선을 사용하여 반듯하게 그려내었다. 건물의 규모나 세부 구조로 보아 성채나 왕궁을 나타낸 것으로 여겨진다. 누각이 설치되어 있는 담이 둘러져 있고, 담 안쪽의 건물은 우진각 지붕으로 용마루 끝에 치미를 높이 올렸으며, 성 내부에는 가지런하게 벽돌까지 깔려 있는 등, 세부적인 묘사가 제법 자세히 나타나 있다.

현실 벽화는 남벽에 연꽃무늬가 유일하게 남아 있는데, 활짝 핀 모습으로 전실에 그려진 것과 비슷한 모양새다. 이 연꽃은 여느 고구려 벽화 속의 것들과는 다르게 묘사된 점이 두드러진다. 꽃잎 끝을 뾰족하게 뽑아낸 것은 닮아 있지만, 꽃잎 안을 동심원을 그리듯이 잎맥을 표현하여 도안화된 느낌을 준다. 이는 앞 시대는 물론 뒷시대의 어느 연꽃에서도 볼 수 없는 특이한 표현법이다.

12. 쌍영총雙楹塚

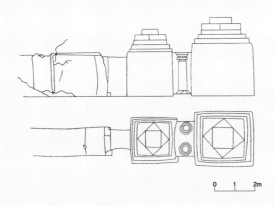

0　1　2m

위치: 평안남도 남포시 용강군 용강읍

출생: 5세기 후반경

발굴상황: 1913년에 발굴되었다.

　이름의 유래: 현실과 전실 사이의 통로에 설치된 두 개의 팔각 돌기둥으로 인해 붙여진 이름이다.

　교우관계: 발굴 당시 같은 용강군에 있는 용강대묘와 함께 조사되었으며, 인근에는 대안리 1호분도 있다.

　묘실구조: 남향의 연도, 전실, 통로, 현실을 갖춘 양실분으로, 전실과 현실 사이 통로에 두 개의 팔각형 돌기둥을 세운 것이 특징이다. 천장은 전실과 현실 모두 3단의 평행받침을 얹은 후 그 위에 2단의 삼각받침을 얹어 삼각고임식으로 마무리하였다.

　시선집중: 묘실의 짜임새가 뛰어날 뿐 아니라 고구려 고분벽화 가운데서도 벽화의 수준이 매우 뛰어난 무덤으로 그 가치가 높다. 특히 발굴 당시부터 수준 높은 인물화로 주목받았던 무덤이다.

벽화의 보존상황: 훼손된 부분들이 있으나, 현실 서벽을 제외하고는 대체적으로 양호한 편이다.

벽화의 내용:

인물풍속과 사신이 공존하는 가운데, 벽화 전체의 중심은 인물풍속으로 기울어져 있다. 특히 사신도가 한 방에 그려지지 않고 전실과 현실에 나누어 배치한 점이 색다르다. 청룡과 백호는 전실에, 주작은 현실 남벽에, 현무는 현실 북벽 무덤 주인 부부의 실내 생활 장면과 함께 등장한다. 두 개의 묘실을 한 방으로 이어 생각한다면, 사신의 방향은 바르게 배치된 셈이다.

벽화는 연도에서 시작되는데, 연도 동벽에는 소수레와 여인의 행렬도가, 서벽에는 기마인물이 그려져 있다. 전실 입구 동쪽에는 역사상이 환두대도를 들고 무덤을 지키고 섰으며, 동벽에는 청룡, 서벽에는 백호가 그려져 있다. 남벽에는 각각 한 명씩의 인물상이 보이지만 훼손이 심한 상태이고, 북벽은 벽면이 좁아 벽화를 그릴 여백이 남아 있지 않다.

전실과 현실 사이에 세워진 두 개의 돌기둥 위에도 벽화가 베풀어져 있다. 여러 마리의 용이 기둥을 감고 있으며 기둥머리에는 측면 모양의 연꽃이 그려졌다.

현실 북벽에는 묘주 부부상이 현무도와 함께 그려져 있다. 이처럼 현실 북벽에 중심 화제인 묘주의 실내생활도가 현무와 나란히 배치되는 것은 당시 여러 무덤에 나타나는 양식인데, 쌍영총은 인물풍속 장면이 사신도보다 우세한 무덤으로, 현무도가 부부 초상 옆에 조그맣게 자리한 느낌이다.

남벽은 박락되어 전체적인 벽화의 내용은 알 수 없으나 창방 위에 그려진 한 쌍의 주작은 비교적 선명하게 남아 있다. 동벽 벽화의 내용은 행렬도로, 불교 행사에 참여하는 9명의 인물을 표현한 것이다.

천장에는 연꽃무늬를 중심으로 다양한 장식문양들이 베풀어져 있는데, 이 가운데서도 두 묘실의 천장석을 장식한 연꽃무늬가 압권이다. 이렇듯 꽃잎 끝이 뾰족하게 과장된 연꽃무늬는 5~6세기 고구려 연꽃의 전형적인 표현이라 하겠다.

13. 수산리벽화고분修山里壁畵古墳

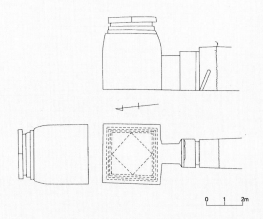

위치: 평안남도 대안시 수산리

출생: 5세기 말

발굴상황: 1971년에 발굴되었는데, 발굴 이전에 이미 심하게 붕괴된 상태였다.

이름의 유래: 고분이 위치한 지명에 따라 지어졌다.

묘실구조: 연도와 현실을 갖춘 단실구조로, 남향으로 지어졌다. 천장은 네 벽에 평행으로 3층의 받침을 만든 후 그 위에 다시 삼각형 받침을 얹고 천장석을 덮어 마감하였다.

시선집중: 수산리 벽화고분이 학계의 관심을 끈 것은 무엇보다도 벽화 속 색동주름치마 차림의 여인상과 일본 다카마쓰즈카高松塚 벽화고분에 그려진 여인상의 연관성 때문이다. 고구려 여인들이 즐겨 입은 주름치마 차림이 일본 고분속에도 그려짐으로써, 고구려 문화가 일본에 미친 영향 관계를 살필 수 있는 한예로 주목받았던 것이다. 또한 인물화의 수준 또한 매우 뛰어나 그 어느 벽화보다도 우아한 아름다움이 가득하다. 장쾌한 아름다움 넘치는 고구려 벽화의 또

다른 일면을 보여주는 멋진 사례라 할 만하다.

벽화의 보존상황: 부분적으로 박락이 심한 벽면도 있는데, 특히 북벽의 훼손이 매우 심하다.

벽화의 내용:

먼저 무덤 입구인 연도에 그려진 무덤을 지키는 수문장에서 벽화가 시작된다. 일반적으로 중심 화제가 그려지는 현실 북벽은 박락된 부분이 많아 그림의 전모를 파악하기는 어렵다. 그러나 벽면 대부분을 차지한 커다란 가옥으로 보아, 묘주인의 가내 생활을 표현하였음을 짐작할 수 있다.

동벽과 서벽은 벽면을 상하로 나누어 각기 다른 내용의 벽화를 그려 넣었다. 동벽 아래쪽에는 북벽에 그려졌을 묘주 부부 쪽을 향한 행렬도를 배치하였다. 먼저 북과 대각을 연주하는 악대가 앞서고 그 뒤로 기수가 따르는 구성이다. 이 고분의 벽화 가운데 보존상태가 가장 좋은 서벽 위단은 곡예관람도로 널리 알려진 장면이다. 벽돌이 깔린 길 위에 사람들이 길게 한 줄로 늘어서 있다. 벽면의 왼쪽 끝 부분에서는 세 사람의 곡예 장면이 펼쳐진다. 곡예의 오른쪽으로는 묘주 부부 일행이 연기를 관람하는 장면이 전개된다. 특히 묘주 부인의 화려한 옷차림이 화면을 더욱 밝혀주는데, 빨강색, 연두색, 흰색 등의 화사한 배합은 고구려 사람들의 탁월한 색채감각을 보여주기에 모자람이 없다.

14. 안악2호분安岳2號墳

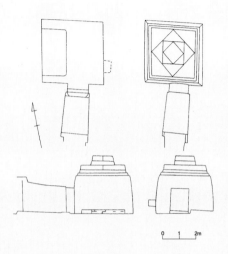

위치: 황해도 안악군 대추리

출생: 5세기 말~6세기 초

발굴상황: 1949년에 발굴되었다.

이름의 유래: 안악군에서 함께 발굴된 세 무덤 가운데 하나이다.

묘실구조: 연도와 현실을 갖춘 단실분이다. 묘실의 방향은 약간 서쪽으로 기울어진 남향인데 연도가 동쪽으로 치우쳐 연결되어 있다. 현실 동벽에 감실이 설치되어 있는 독특한 구조를 보인다. 천장은 평행의 천장받침을 쌓은 후, 다시 그 위에 삼각받침을 얹는 형식으로 축조되었다.

벽화의 보존상황: 벽면 하단은 손상이 심상지만, 상단과 천장부의 벽화는 그런대로 남아 있는 편이다.

시선집중: 일반적으로 단실분에는 사신도가 그려진 예가 많은데, 안악2호분은 단실분이면서도 전형적인 인물풍속 주제를 그려 넣은 점이 특이하다.

벽화의 내용:

남벽에는 연도 입구 좌우로 무덤을 지키는 수문장이 갑옷과 투구를 갖추어 입고 무장한 모습으로 서로 마주 보고 섰다. 수문장이 지키고 있는 현실 입구의 문 위로는 옷자락을 나풀거리며 나는 두 비천의 모습이 보인다.

동벽은 손상이 심하여 벽화의 일부만을 살펴볼 수 있다. 감실이 지어진 오른쪽 윗부분에 남은 벽화를 보면 북벽 쪽을 향한 세 여인의 행렬과 두 비천이 그려져 있다. 두 비천은 행렬도의 여인들과 마찬가지로 손에 연꽃을 받쳐 들고 있는데, 아름다운 자태는 물론, 가벼운 바람결을 그대로 보여주는 옷자락 표현이 일품이다.

서벽 하단은 지워진 상태여서 그 윗부분 인물들의 행렬만이 남아 있다. 이 행렬의 목적은 알 수 없으나, 여인과 어린이들까지 섞여 있는 것으로 보아 묘주 가족의 나들이 장면으로 여겨진다.

북벽에는 여느 인물풍속 벽화와 마찬가지로, 화려하게 치장된 장방 안에 나란히 앉은 부부 초상을 그려 넣었다. 묘 주인 쪽은 흔적만이 조금 남아 있을 뿐이지만, 부인 쪽은 보존상태가 좋은 편이어서 두 손을 단정히 앞으로 모은 정면상임을 확인할 수 있다. 장방 양쪽으로는 부부를 모시는 시녀들이 나란히 늘어서 있다.

천장 중앙에는 활짝 핀 정면의 연꽃무늬를 중심으로 다양한 형태의 연꽃들이 가득 그려져 있다. 중앙의 연꽃무늬는 이중의 복엽으로, 꽃잎 끝을 뾰족하게 뽑아낸 어느 고구려 연꽃들과는 달리, 둥글게 표현되어 있는 것이 특징이다.

15. 수렵총 狩獵塚

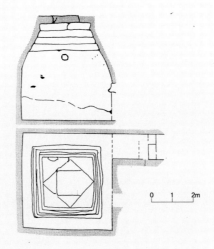

위치: 평안남도 온천군 화도리

출생: 5세기 말~6세기 초

발굴상황: 1913년에 발굴되었다.

이름의 유래: 벽면에 그려진 수렵도로 인해 얻게 된 이름이다. 발굴 당시에는 벽화 속 사신도에 주목하여 '매산리 사신총'이라 불렀다(매산리는 발굴 시의 지명).

묘실구조: 연도와 현실을 갖춘 단실분으로서 남향으로 지어졌다. 내부의 벽면은 약간 좁혀 들다가, 그 위로는 3층의 천장받침을 얹고, 천장석 부분은 삼각 고임으로 축조하였다.

시선집중: 벽화 속에는 사신도와 인물풍속도가 함께 나타나지만, 두 주제가 비슷한 무게를 차지하던 약수리 벽화고분, 대안리1호분, 쌍영총의 경우와 달리, 인물풍속도의 비중이 확연히 줄어들었다. 묘의 구조 또한 양실분 시대를 지나 단실 구조로 진입하는 등, 본격적인 단실분 사신도 무덤이 시작하는 직전의 단계를 보여준다. 벽화의 주제 변천을 읽을 수 있는 중요 무덤이다.

벽화의 보존상황: 묘실 상태는 비교적 양호하나 천장의 동남쪽이 파손된 상태이다. 남벽에는 도굴로 인한 구멍이 나 있어 이 부분의 벽화가 훼손되었다. 벽면은 아랫부분이 박락되어 있으나 전체적인 형상을 살피기에는 큰 무리가 없다.

벽화의 내용:

현실 내 벽에는 사신이 벽면을 크게 차지하는 가운데, 인물풍속이 조그만하게 덧붙여진.느낌이다. 먼저 동벽을 보면 화면 아래쪽에 청룡이 길게 벽면을 가로지르고 있으며, 위쪽에는 삼족오가 묘사된 일상이 그려져 있다. 그리고 청룡의 꼬리 쪽에 말을 탄 인물 하나가 등장한다. 서벽의 백호 또한 청룡과 같은 모습으로 벽면 하단을 차지하였으며, 가운데에는 사냥 장면을, 그 위로는 월상을 그려 넣었다. 월상 안에 종종 등장하는 두꺼비의 모습이 여느 벽화와는 달리, 많이 변형되어 있다.

남벽에는 인물풍속 장면은 등장하지 않고 한 쌍의 주작만이 그려졌는데, 고식의 도상을 벗어나지 못한 모양새다. 북벽 위쪽에는 북두칠성이 그려졌으며, 그 아래쪽에는 실내에 앉아 있는 묘주 부부상과 현무가 같은 화면에 배치되어 있다. 이웃 벽면과는 다르게, 인물풍속 주제인 묘주 부부상이 가운데에 비교적 당당하게 자리 잡았다. 천장석에는 벽화가 그려지지 않았으며, 2, 3층의 천장받침에만 구름무늬와 당초무늬가 남아 있다.

16. 진파리1호분眞坡里1號墳

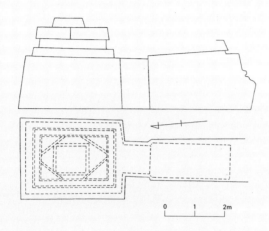

0 1 2m

위치: 평양시 역포구역 무진리

출생: 6세기 후반

발굴상황: 1941년, 같은 고분군의 4호분과 함께 발굴되었다.

이름의 유래: 진파리 고분군의 무덤 가운데 하나이다.

교우관계: 나란히 세상에 알려진 4호분과 비교할 점이 많다. 두 무덤은 벽화의 주제와 색감 등 유사한 면이 많으나 사신의 구성 등으로 보아 4호분이 조금더 이른 시기의 것으로 보인다. 동명왕릉도 인근에 자리하고 있다.

묘실구조: 현실과 연도를 갖춘 남향의 단실분으로서, 현실은 남북으로 긴 장방형이다. 천장은 평행받침을 쌓은 후 다시 삼각받침을 얹은 구조인데, 삼각형받침의 네 모서리는 약간 벌어지게 쌓아 올렸다.

벽화의 보존상황: 벽면 곳곳에 훼손이 많은데, 발굴 당시의 자료와 비교해보면 박락된 부분이 더욱 늘었음을 알 수 있다.

벽화의 내용:

네 벽면에 사신도를 배치한 전형적인 사신도 무덤이다. 특히 사신의 배경을 화려하게 그려 넣었는데, 리듬감 넘치는 구름무늬를 깔고 구름 사이사이에 연꽃과 인동무늬를 배치하였다. 청룡과 백호는 이들 배경 속을 날아오르듯 유연한 움직임을 보여주는데, 이 둘 모두 북쪽을 향하고 있다. 남벽의 입구 좌우에는 각기 한 마리의 주작을 서로 마주 보게 배치하였다. 일반적으로 두 마리의 주작이 한 쌍으로 등장하는 것에 비해, 여기에서는 좌우의 모습이 각기 다르게 그려진 점이 특이하다.

현무는 훼손된 부분이 많아 세부적인 모습을 알아보기는 어렵다. 다만 모사화나 옛 사진을 보면 길게 내민 거북의 목을 뱀이 감고 서로 으르렁대는 표정이 생생하게 살아 있음을 알 수 있다. 북벽에도 현실의 다른 벽면과 마찬가지로 유운문이 가득한데, 특히 이 벽면의 구름무늬에는 용이 그려져 있다. 연꽃무늬, 인동무늬 또한 구름 모양으로 형상화하였다. 북벽화가 주목받는 것은 무엇보다도 현무 좌우에 자리한 큰 소나무와 아래쪽에 깔려 있는 산악도 때문인데, 현재 산악 부분은 거의 살펴보기 힘들 정도로 박락이 심한 상태이다.

현실 천장석 중앙에는 해와 달이 자리를 잡고 있다. 그리고 그 네 구석에는 활짝 핀 연꽃의 한 부분을 잘라내어 배치하였으며, 여기에 인동무늬를 더하였다

진파리1호분은 4호분과 더불어 그 어느 고분벽화보다도 자유롭고 섬세한 필치를 보여주는 무덤이다. 특히나 네 벽면의 배경 그림에 어우러진 사신의 형상이 바람에 따라 리듬을 타고 일렁이는 듯하다. 서정적인 아름다움이 매우 각별한 벽화라 하겠다.

17. 통구 사신총 通溝四神塚

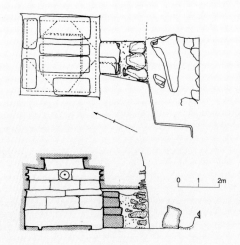

위치: 중국 길림성 집안현 우산하

출생: 6세기 후반

발굴상황: 1935년에 처음 발굴되었으며, 이듬해에 자세한 조사가 이루어졌다.

이름의 유래: 묘실 내부의 사신도 벽화로 인해 명명되었다.

교우관계: 같은 집안 지역의 오회분 4·5호묘와 비교할 때, 벽화의 주제 및 회화 기법 등이 유사하다.

묘실구조: 연도와 현실을 갖춘 전형적인 단실분으로, 남향으로 지어졌다. 천장은 평행의 받침석을 쌓은 후 그 위를 삼각고임식으로 마무리하였다.

벽화의 보존상황: 벽면의 석재 위에 직접 벽화를 그려 넣어 보존상태가 대체적으로 양호하다.

시선집중: 집안 지역에서 발굴된 세 기의 사신도 무덤 가운데 하나로, 고구려 후기 회화의 발달 정도를 유감없이 드러내주는 귀중한 자료이다. 이들 집안 지역

사신도 무덤은 화려한 원색으로 묘실 벽화를 단장하여, 평양 지역 사신도 무덤과 확연하게 구별되는 특성을 보인다. 특히 통구 사신총과 오회분의 4호묘는 평양 지역의 강서대묘와 함께 천장석에 황룡을 그려 넣은 점이 주목된다. 네 벽면의 사신과 어우러져 음양오행설에 따라 배치된 것으로 보이는 이 황룡의 존재는 왕릉을 나타내는 것으로 해석되기도 한다.

벽화의 내용:

　현실 동·서 벽에 각기 그려진 청룡과 백호상은 모두 남쪽을 향해 날아오르려는 모습이다. 청룡은 5세기에 흔히 나타난 세장형 청룡과는 달리 몸체가 제법 단단해졌으며, 머리 양쪽으로 뿔이 솟아 있다. 백호 또한 힘차게 앞발을 내어 민 자세가 청룡과 같은데, 호피가 표현되어 있는 점이 눈에 띈다.

　남벽을 지키는 주작은 연화대좌 위에 그려져 여느 벽화 속 주작의 도상과 다른 모습을 보여주고 있다. 한 쌍의 새를 흰색과 붉은색으로 달리 표현함으로써 암수를 구별하였다. 북벽의 현무 역시 앞 시대의 현무상과 확연히 달라졌는데, 뱀과 거북이 매우 복잡하게 엉켜 있다. 거북은 고개를 뒤로 젖힌 채, 화려한 색채로 치장한 뱀과 마주 보며 으르렁대는 중이다. 특히 배경으로 그려진, 하늘에서 쏟아져 내리는 듯한 구름무늬와 환상적인 조화를 이루고 있다.

　네 벽과 천장 사이의 받침석에는 인동당초로 장식된 연속무의 띠를 그려 넣었고, 그 위의 천장에는 하늘 세계를 담아내었다. 각기 방향을 맞추어 배치한 해와 달, 여러 별자리와 함께 신선들과 설화 속 인물들까지 등장한다. 천장석 중앙에는 황룡을, 네 귀퉁이에는 연꽃과 인동잎을 그려 넣었다.

　통구 사신총은 네 벽과 천장 가득, 집안 지역 특유의 색채와 장식문양을 사용함으로써, 평양 지역의 사신도 무덤과는 차별화되는 독특한 회화미를 보여주고 있다.

18. 오회분 4호묘五塊墳4號墓

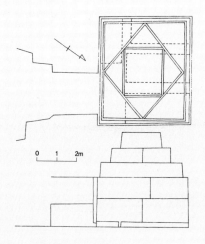

위치: 중국 길림성 집안현 우산하

출생: 6세기 후반

발굴상황: 1937년 같은 고분군의 5호묘가 발굴될 당시 벽화의 존재가 알려졌으나, 정확한 조사는 1950년대에 이루어졌다.

이름의 유래: 처음 발견되었을 당시에는 이름이 정해지지 않아 통구 미편호분으로 분류되었다가, 오회분의 다른 무덤들이 나란히 조사되면서 그 가운데 4호분으로 불리게 되었다.

교우관계: 같은 무덤군에 속한 오회분 5호묘와는 벽화의 주제는 물론, 회화기법과 장식무늬까지 거의 흡사하다.

묘실구조: 단실분 구조로 묘실의 방향은 동남향으로 지어졌으며, 천장 구조는 삼각고임식이다.

벽화의 보존상황: 석벽 위에 직접 그려져 보존 양태가 좋은 편이다.

벽화의 내용:

현실 네 벽에 사신도가 배치된 전형적인 고구려 후기 사신도 무덤이다. 먼저 동벽의 청룡을 보면 여전히 긴 몸체를 보이고 있어, 네 벽을 길게 가로지른 형태로 그려졌다. 서벽의 백호는 비교적 사실적인 호랑이의 외형을 닮은 가운데, 전체적인 몸체며 자세는 청룡과 유사하다.

특이한 것은 남벽의 벽화이다. 일반적으로 남벽 입구에 두 마리가 쌍을 이루어 등장하는 것과는 달리 주작을 한 마리만 그려 넣었다. 묘실 입구가 남벽의 중앙이 아닌 동쪽 끝에 연결되어 있기 때문에, 이러한 자리의 문제로 인해 외주작의 형태로 그려진 듯하다. 자세 또한 다른 주작과 달리 동쪽을 향하여 날고 있는 모습인데, 꼬리가 한 가닥으로 표현된 것도 색다른 점이다. 북벽의 현무도는 통구 사신총의 경우처럼 뱀과 거북의 꼬임이 심한 모양새로 그려졌다. 앞서의 세 신수와 함께 이들 모두 매우 화려한 원색의 색감이 두드러진다.

사신도의 배경으로는 연속무늬가 장식적으로 그려져 있는데, 일종의 귀갑문양이 변형된 사방 연속무늬의 형태다. 이 연속무늬 안에는 다시 인물상이나 연꽃 등을 그려 넣어, 온 벽면이 빈 공간 없이 빽빽하다.

천장 벽화 또한 화려하고 다양한 소재로 가득 채워져 있으니, 각 천장받침석마다 교룡무늬, 능형무늬, 나무, 선인들의 모습으로 빈틈이 없을 정도이다. 천장석에는 통구 사신총과 마찬가지로 황룡이 배치되어 있어, 이 무덤 역시 음양오행설을 따른 왕릉이었을 가능성을 시사해준다.

19. 강서대묘 江西大墓

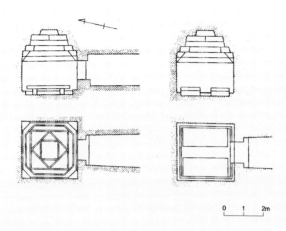

위치: 평안남도 대안시 삼묘리

출생: 6세기 말~7세기 초

발굴상황: 1902년에 묘실 내에서 벽화가 발견된 후, 1912년에 정식으로 발굴되었다. 고구려 벽화고분 가운데 정밀 조사가 이루어진 최초의 무덤이다.

이름의 유래: 옛 지명인 강서군, 우현리의 3기 고분 가운데 가장 큰 무덤이다. 세 기의 묘가 나란히 있어 이 지역을 삼묘리라 부르기도 한다.

교우관계: 바로 이웃에 같은 해에 나란히 발굴된 강서중묘가 있다.

묘실구조: 전형적인 단실분의 형태로, 벽면을 거대한 석재를 다듬어 쌓아 올렸다. 천장 또한 고구려 벽화고분의 특징을 가장 잘 보여주는 삼각고임식으로 축조되었다.

벽화의 보존상황: 석면 위에 직접 그려 넣어 벽화의 보존상태가 매우 좋다.

시선집중: 강서대묘는 최초로 발굴된 고구려 벽화고분으로, 발굴 당시부터 큰 주목을 받았던 무덤이다. 고구려 고분벽화 가운데 가장 후기에 그려진 것으

로 알려진 묘실 내의 벽화는 고구려 회화의 절정을 보여주는 최고의 아름다움으로 이름 높다. 벽면 위에 두꺼운 회칠을 하지 않고 직접 그림을 그려 넣어, 그 보존상태 또한 최상급이다.

벽화의 내용:

현실 네 벽에는 별도의 배경 문양도 없이, 사신도만이 화면 가득 단독상으로 채워져 있는데, 사신의 활달한 형체와 함께 깊고도 선명한 채색이 두드러진다. 동벽과 서벽의 두 신수는 남쪽 입구를 향한 자세로 그려져 있다. 청룡은 벽면을 대각선으로 가로지르는 구도로 그려져 한층 상승감이 느껴진다. 채색 또한 붉고 푸른 색이 어우러진, 신비로운 색채감을 보여준다. 서벽의 백호 또한 청룡과 같은 구도를 보인다. 선명한 백색으로 백호의 이미지를 잘 살려내었으며, 붉은 날개로 포인트를 주었다.

남벽의 주작은 한 쌍으로 그려진 것은 여느 사신도 무덤과 같으나, 주작의 발 아래로 원근감을 살린 산악을 그려 넣은 점이 두드러진다. 주작은 날개를 훨씬 편 자세로서, 두 날개와 꼬리의 선의 이어짐이 커다란 원형을 그리듯 그 자태에 탄력이 넘친다. 북벽의 현무는 이전의 어느 무덤에서도 볼 수 없었던 장쾌한 도상으로 표현되었는데, 거북과 뱀의 어우러짐에 신수로서의 위용이 가득하다. 탄력 넘치는 필치와 입체감이 두드러지는 채색 등 앞 시대 현무와 견줄 수 없는 새로운 아름다움을 보여주고 있다.

천장에는 신선의 세계가 가득 그려져 있다. 천장 제1받침석에는 인동당초무늬로 길게 띠가 둘러져 있고 그 위로는 신선들과 비천을 비롯한 여러 상상 속의 존재들이 가득하다. 천장석에는 집안 지역 통구 사신총 등과 마찬가지로 황룡을 그려 넣었다. 즉, 음양오행에 기초한 사신도 무덤의 벽화는 그 성격으로 볼 때 집안과 평양 지역이 다르지 않았음을 알 수 있다. 천장석 네 귀퉁이에 앙증맞은 연꽃무늬를 배치하였는데, 각각 4분의 1쪽씩 쪼개어 그려 넣는 참신한 구성을 시도하였다.

20. 강서중묘江西中墓

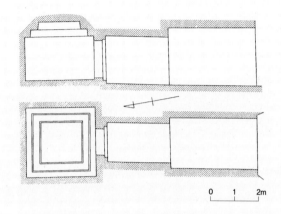

0 1 2m

위치: 평안남도 대안시 삼묘리

출생: 7세기 전반

발굴상황: 1912년 강서대묘와 함께 발굴되었다.

이름의 유래: 강서군의 나란한 세 기 가운데 중간 크기의 무덤이다.

교우관계: 강서대묘의 서북방, 약 90미터 지점에 있다.

묘실구조: 남향의 현실과 연도를 갖춘 단실분으로, 대묘에 비해 조금 작은 크기이다. 천장은 고구려 벽화고분에서 일반적으로 보이는 삼각고임식이 아닌 새로운 형식인데, 먼저 2단의 받침을 안으로 좁혀 들게 얹고, 그 위에 네 모서리를 살짝 접은 개석을 덮은 구조이다.

벽화의 보존상황: 벽화의 보존상태는 대묘와 마찬가지로 매우 양호하다.

시선집중: 나란히 세워진 강서대묘와 함께 고구려 후기 사신도 무덤으로 이름 높지만, 무엇보다도 눈에 띄는 것은 다른 벽화고분에 비해 한층 두드러지는 건축적인 치밀함이다. 묘실은 화강암 판석을 이용하여 조성하였는데, 놀랍게도 각각의 벽면을 커다란 한 장의 판석으로 마감하였다. 벽면에 이음새가 전혀 나

292

타나지 않아, 그 위에 그려진 벽화 또한 완벽한 화면을 얻게 되었다. 천장의 구조 또한 독특하여, 2단으로 고인 받침은 각 모서리를 비스듬히 깎아서 정교하게 맞춘 모양새다. 이러한 축조법은 후기의 벽화고분 구조에서는 볼 수 없는 새로운 기술로서, 다양한 시도를 통해 발전해나갔던 고구려 건축술의 한 단면을 엿보게 한다. 현재까지 발견된 고구려 벽화고분 가운데 가장 후기의 무덤이다.

벽화의 내용:

벽화의 주제인 사신의 형상이나 그 묘사법, 채색 등도 대체적으로 대묘와 같다. 다만 이들 사신도 가운데 청룡, 백호, 주작은 다른 후기 고분의 사신 표현과 유사하나, 현무가 색다른 도상으로 표현된 점이 눈길을 끈다. 천장의 벽화는 그 구조의 변화에 따라 대묘에 비해 한층 간략하게 그려졌다.

동벽을 보면 청룡은 남향하여 입구 쪽을 향한 자세이다. 대묘의 청룡과 흡사하게 그려졌으나, 몸의 비늘이 생략되는 등 세부적인 묘사는 간단해졌다. 서벽에 그려진 백호 또한 대묘의 것과 크게 다르지 않다. 남쪽을 향해 나는 자세며 다소 가늘게 그려진 몸체, 흩날리는 날개도 같은 도상을 바탕으로 한 듯하다. 주작도는 대묘의 기세가 조금 가라앉아, 단정하게 매만진 느낌이 크다. 하지만 채색의 아름다움은 여전하여, 선명한 백색과 선홍색의 대비가 두드러진다.

대묘에 비해 두드러지게 달라진 장면은 현무도로서, 긴장감 넘치는 대묘의 현무가 다소 양식화된 모습으로 변형되어 그려졌다. 또한 현실 다른 벽면의 사신들이 화면을 가득 채운 단독상으로 표현된 데 비해, 현무는 산악을 딛고 선 모습으로 중앙에 작게 그려져 있어 주인공으로서의 무게가 약하게 느껴진다.

천장받침의 1단과 2단 받침에 그려진 문양은 인동당초무늬이다. 받침 전체에 연속무늬로 빙 둘러져 있다. 천장석 중앙에는 활짝 핀 연꽃무늬를 그려 넣고, 동서 방향으로 각기 일상과 월상을, 남북에는 봉황, 그리고 네 구석에는 연꽃무늬를 장식하였다. 중앙의 연꽃무늬는 12엽으로, 꽃잎 끝이 뾰족하고 복잡한 5~6세기의 연꽃에 비해 한결 단순화된 형태이다.

도판 출처

안악3호분 명문…김광섭

안악3호분 장하독상…김광섭

덕흥리 벽화고분 명문…김광섭

안악3호분 묘주 초상…김광섭

덕흥리 벽화고분 묘주 초상…김광섭

감신총 묘주상(모사도)…국립광주박물관(《고구려 고분벽화 모사도》)

덕흥리의 묘주에게 배례하는 13태수…예맥

덕흥리 벽화고분 묘주생활도…김광섭

덕흥리 벽화고분 명문 위치…예맥

약수리 벽화고분 행렬도…예맥

각저총 묘주생활도(모사도)…예맥

쌍영총 묘주 부부 초상…국립광주박물관(《고구려 고분벽화 모사도》)

약수리 벽화고분 묘주 부부 초상…예맥

수렵총 묘주 부부 초상(모사도)…국립광주박물관(《고구려 고분벽화 모사도》)

장천1호분 전실 북벽…예맥

안악3호분 천장석 연꽃…김광섭

안악3호분 묘주부인상…김광섭

안악2호분 현실 동벽…예맥

안악2호분 비천상…연합뉴스

수산리 벽화고분 곡예관람도…예맥

수산리 벽화고분 묘주부인상… 예맥

수산리 벽화고분 여인상…예맥

감신총 수렵도(모사도) 국립광주박물관(《고구려 고분벽화 모사도》)

덕흥리 벽화고분 수렵도…예맥

약수리 벽화고분 수렵도…연합뉴스

수렵총 수렵도(모사도)…국립광주박물관(《고구려 고분벽화 모사도》)

무용총 천장의 주작…뉴스뱅크

삼실총 천장의 주작…뉴스뱅크

약수리 벽화고분 현실 북벽…예맥

쌍영총 현실 남벽…국립광주박물관(《고구려 고분벽화 모사도》)

수렵총 현실 동벽(모사도)…국립광주박물관(《고구려 고분벽화 모사도》)

진파리1호분 청룡(모사도)…국립광주박물관(《고구려 고분벽화 모사도》)

통구 사신총 현무(모사도)…예맥

오회분 4호묘 청룡…예맥

강서대묘 주작…예맥

강서대묘 청룡…김광섭

강서대묘 백호…김광섭

강서대묘 현무…김광섭

강서대묘 천장 벽화…김광섭